Staats-

und

völkerrechtliche Abhandlungen.

Herausgegeben

von

Dr. Georg Jellinek und **Dr. Georg Meyer,**
Professoren der Rechte in Heidelberg.

I. 2: Der Staat und die erworbenen Rechte. Von Dr. Georg Meyer.

Leipzig,
Verlag von Duncker & Humblot.
1895.

Der Staat

und die

erworbenen Rechte.

Von

Dr. Georg Meyer,
Professor der Rechte in Heidelberg.

Leipzig,
Verlag von Duncker & Humblot.
1895.

Alle Rechte vorbehalten.

Vorwort.

Die vorliegende Schrift beruht auf Studien, welche ich zu einem am 13. März d. J. in der Wiener juristischen Gesellschaft gehaltenen Vortrage gemacht habe. Sie ist jedoch keineswegs identisch mit diesem Vortrage, sondern hat manches weiter ausgeführt, als es bei der für denselben zur Verfügung stehenden Zeit möglich war, andrerseits aber auch einiges, was in der mündlichen Erörterung berührt wurde, weggelassen. Mit Rücksicht darauf, daſs in dem Vortrage eine Reihe von praktisch wichtigen modernen Fragen berührt wurde, derselbe auch in Bezug auf die Theorie der erworbenen Rechte einiges Neue enthielt, schien mir eine nachträgliche Veröffentlichung, wenn auch in etwas veränderter Gestalt, nicht unangemessen.

Die Frage der rückwirkenden Kraft der Gesetze bildet hier keinen Gegenstand der Behandlung. Sie berührt sich mit der über das Verhältnis des Staates zu den erworbenen Rechten sehr nahe, wenn sie auch mit ihr keineswegs vollständig zusammenfällt. Aber der Grundsatz, daſs Gesetze keine rückwirkende Kraft haben, enthält im Grunde doch nur eine Präsumtion für die Absicht des Gesetzgebers. Allgemein wird dem letzteren die Befugnis zugestanden, ausnahmsweise und durch besondere Bestimmungen einem Gesetze rückwirkende Kraft beizulegen. So weit aber dies geschieht und dadurch ein Eingriff des Staates in erworbene Rechte stattfindet, kommen lediglich die allgemeinen Gesichtspunkte in Frage, welche für das Verhältnis des Staates zu den erworbenen Rechten überhaupt maſsgebend sind. So war also zu einer besonderen Erörterung über die rückwirkende Kraft der Gesetze keine Veranlassung gegeben.

Heidelberg im Mai 1895.

Der Verfasser.

Die erste und bedeutsamste Aufgabe des Staates ist die Gewährung von Rechtsschutz. So verschieden der Wirkungskreis der Staaten sich gestalten mag, dieser Aufgabe kann sich kein Gemeinwesen entziehen, welches auf die Bezeichnung Staat Anspruch erhebt. Es tritt daher schon in den Anfängen der Staatenbildung neben der Landesverteidigung die Sorge für Rechtsschutz als die vornehmste und wichtigste Thätigkeit der Staatsgewalt hervor. Aber im Laufe der Zeiten erweitert sich der Wirkungskreis des Staates. Neben der Rechtspflege zieht derselbe die Förderung der nationalen Wohlfahrt und Kultur in den Bereich seiner Thätigkeit. Die mannigfaltigsten Aufgaben auf allen Gebieten des menschlichen Lebens erwachsen ihm. Und damit ist die Möglichkeit von Kollisionen zwischen den verschiedenen Zwecken des Staates gegeben. Es werden Unternehmungen in das Leben gerufen, welche ohne Verletzung bestehender Rechte nicht durchzuführen sind. Notwendige Fortschritte in der Gesetzgebung würden unmöglich sein, wenn man vor jedem Eingriff in den Rechtskreis des Einzelnen zurückschrecken wollte. So tritt in entwickelteren staatlichen und Kulturzuständen notwendigerweise die Frage auf: **in wie weit ist der Staat befugt, im Interesse der Erfüllung seiner Aufgaben Rechte seiner Unterthanen zu verletzen?**

1.

Bei Eingriffen des Staates in den Rechtskreis der Unterthanen denkt man naturgemäfs in erster Linie an den

Fall der Enteignung. Und in der That steht dieses Institut auch im Vordergrunde der Entwicklung[1]. Ein Enteignungsrecht haben bereits die Römer gekannt, wenn es auch ziemlich lange gedauert hat, bis sich dasselbe ausbildete. Erst in der Kaiserzeit tritt es uns in einzelnen Anwendungsfällen, insbesondere bei Grundstücken, bei Sklaven, bei Getreidevorräten, als entwickeltes Rechtsinstitut entgegen. Dagegen ist die Enteignung dem älteren deutschen Recht unbekannt. Der eng begrenzte Wirkungskreis der germanischen Staaten, sowie der Umstand, dafs der Grundbesitz sich zum weitaus gröfsten Teil in den Händen einerseits des Königs, der Kirche, der weltlichen Grofsen, später der Landesherren, andererseits der Gemeinden und Markgenossenschaften befand, haben ein Bedürfnis nach Entziehung von Privatgut nicht entstehen lassen. Was von Anwendungsfällen des Enteignungsrechtes überliefert ist, gehört erst dem späteren Mittelalter an[2]. Eine förmliche Theorie der Enteignung haben die italienischen Juristen des Mittelalters und zwar auf Grundlage der die Expropriation betreffenden Stellen des corpus juris civilis entwickelt[3]. Zu einer völligen Klarheit sind sie freilich nicht durchgedrungen; in ihren Ausführungen vermischen sich staats-, privat-, straf- und völkerrechtliche Gesichtspunkte. Von grofser Bedeutung erscheint

---

[1] Über die Geschichte des Enteignungsrechtes vergl. mein Recht der Expropriation. Leipzig 1868 S. 9 ff.; Grünhut, Das Enteignungsrecht. Wien 1873 S. 12 ff.

[2] So namentlich die bei Stobbe, Handbuch des deutschen Privatrechts Bd. II. 169, 170 N. 12—14 erwähnten Fälle, so weit sie überhaupt unter den Gesichtspunkt der Enteignung fallen, ebenso die bei Huber, Geschichte des schweizerischen Privatrechts S. 716 N. 34 angeführten. Dagegen sind Ansätze eines Enteignungsrechtes im altnorwegischen Recht vorhanden, wo dasselbe zu Zwecken des Schiffsbaues, der Beschaffung von Nahrungsmitteln bei der Heerfahrt und zu Kirchenbauten in Anwendung gebracht wird. Vergl. v. Amira, Das altnorwegische Vollstreckungsverfahren S. 201 ff.

[3] Vergl. mein Recht der Expropriation S. 76 ff.; Gierke, Johannes Althusius und die Entwicklung der naturrechtlichen Staatstheorien. Breslau 1880 S. 268 ff.

ihnen dabei die Unterscheidung derjenigen Rechte, welche auf Grund des jus naturale oder des jus divinum, und derjenigen, welche auf Grund des jus civile erworben sind. Letztere sollen dem Einzelnen nach Ermessen des Herrschers entzogen werden können, erstere entweder überhaupt nicht oder doch nur ex justa causa. In voller Reinheit tritt das staatsrechtliche Institut der Enteignung bei Hugo Grotius auf. Dieser löst es gewissermaſsen aus den Fesseln des römischen Rechtes und sucht ihm eine neue rechtsphilosophische Grundlage zu geben, indem er es auf das dominium eminens des Staates zurückführt[1]. Nach ihm kann dem Privaten ein erworbenes Recht (jus quaesitum) aus zwei Gründen entzogen werden[2]: entweder zur Strafe oder kraft des dominium eminens. Im letzteren Falle werden gefordert: 1. das Vorhandensein eines öffentlichen Nutzens (utilitas publica). 2. eine Entschädigung aus öffentlichen Mitteln, so weit eine solche möglich ist, also bei Vermögensrechten. Die Unterscheidung, ob das Recht juris naturalis oder juris civilis sei, wird verworfen. Die Befugnis des Herrschers gegenüber beiden Arten der Rechte ist dieselbe; er kann weder das eine noch das andere ohne Ursache aufheben. Mit diesen Ausführungen hatte Hugo Grotius die Theorie von der Enteignung zum Abschluſs gebracht. Über den Begriff des dominium eminens ist allerdings unter den nachfolgenden Schriftstellern noch gestritten worden; den sachlichen Inhalt seiner Lehre haben nicht nur die Naturrechtslehrer des siebzehnten und achtzehnten Jahrhunderts, sondern auch die Vertreter des positiven Staatsrechts in jener Zeit angenommen.

Thatsächliche Anwendungen des Enteignungsrechtes kommen seit Anfang des vierzehnten Jahrhunderts, zuerst in Frankreich, dann in Deutschland vor. In Deutschland hat seit Ende des Mittelalters für einzelne Anwendungs-

---

[1] De jure belli ac pacis Lib. I. cap. 1 § 6.
[2] a. a. O. Lib. II. cap. 14 § 7, 8.

fälle der Enteignung auch eine **gesetzliche Regelung** stattgefunden, aber doch nur in so geringem Umfange, dafs selbst ein so streng positiver Jurist wie Johann Jacob Moser[1] sich zur Begründung des Enteignungsrechtes nicht auf Gesetze, sondern auf das „natürliche Staats- und Völkerrecht" und das „Reichsherkommen" beruft. Erst seit dem Ende des achtzehnten Jahrhunderts beginnt eine energischere Thätigkeit der Gesetzgebung. Zunächst sind es die Civilgesetzbücher, später die Verfassungen, welche das Princip der Enteignung aussprechen. Im gegenwärtigen Jahrhundert haben, namentlich durch den ausgedehnten Strafsen- und Eisenbahnbau, die Enteignungen einen Umfang gewonnen, welcher früher ganz unerhört war. Infolgedessen trat das Bedürfnis hervor, die Grundsätze über Enteignungen und das bei denselben anzuwendende Verfahren genauer zu regeln. So haben im Laufe dieses Jahrhunderts Deutschland, Österreich und fast alle andern europäischen Staaten eingehende Gesetze über Enteignung erhalten.

2.

Die Enteignung war damit ein anerkanntes und gesetzlich genau geregeltes Rechtsinstitut geworden. Aber die Frage der Eingriffe des Staates in bestehende Rechte hatte seit Ende des vorigen Jahrhunderts noch **weitere Dimensionen** angenommen. Es bereitete sich der Übergang aus der feudalen und patrimonialen Staatsordnung in die moderne vor. Frankreich hat denselben durch den berühmten Beschlufs vom 4. August 1789, welcher alle Feudalrechte, alle Privilegien der Zünfte und sonstigen Korporationen beseitigte, mit einem Schlage vollzogen. Ganz anders die deutsche Entwicklung. Hier ging man langsam, zögernd, allmählich vor. Aber hier wie dort war die Umwandlung

---

[1] Von der Landeshoheit in Ansehung der Unterthanen, Personen und des Vermögens Cap. 15 § 2.

nicht ohne einen tiefen Eingriff in die bestehenden Rechte möglich. Die Leibeigenschaft und Hörigkeit sollte aufgehoben, Fronden, Zinsen und Zehnten sollten für ablösbar erklärt, die Gemengelage der Grundstücke durch eine Neuordnung der Flurverhältnisse beseitigt werden. Auf den Gebieten des gewerblichen Lebens erstrebte man eine Freiheit der persönlichen und wirtschaftlichen Bewegung; das Verbietungsrecht der Zünfte, die Zwangs- und Bannrechte fielen diesen Bestrebungen notwendigerweise zum Opfer. Die Vorrechte des Adels erschienen mit der neuen Staatsordnung unvereinbar; seine Patrimonialpolizei und Patrimonialgerichtsbarkeit, sein privilegierter Gerichtsstand, die Steuerfreiheit der Rittergüter mufsten vernichtet werden, um eine gleichmäfsige Handhabung der staatlichen Hoheitsrechte und eine gleichmäfsige Heranziehung der Unterthanen zu den staatsbürgerlichen Pflichten zu ermöglichen. Bei allen diesen Mafsregeln handelte es sich aber nicht mehr um **Entziehung eines einzelnen Vermögensobjektes durch Verwaltungsakte**, sondern um die **Änderung eines ganzen Rechtszustandes im Wege der Gesetzgebung**. Es entstand also die Frage: wie weit ist die staatliche Gesetzgebung befugt, in bestehende, oder wie man sich gewöhnlich ausdrückte, in „erworbene" oder „wohlerworbene" Rechte einzugreifen?

Der erste, welcher diese Frage behandelt, ist Johann Stephan Pütter[1]. Er wendet die für die Enteignung entwickelten Grundsätze auch auf den Fall der Entziehung erworbener Rechte durch die Gesetzgebung an. Grundsätzlich erklärt er sich für die Unverletzlichkeit derselben. So weit aber die erworbenen Rechte mit dem Gemeinwohl in Kollision kommen, dürfen sie aufgehoben werden, jedoch vorbehaltlich einer Entschädigung. Seit dieser Zeit spielt

---

[1] Von der Bestimmung, welche die Landeshoheit mit jeder höchsten Gewalt auch darin gemein hat, dafs einem jeden sein wohlerworbenes eigentümliches Recht zu lassen ist, in den Beiträgen zum teutschen Staats- und Fürstenrecht. Bd. I, S. 351 ff.; Institutiones juris publici § 119.

die Frage über den Schutz der erworbenen Rechte eine grofse Rolle in den staatsrechtlichen Erörterungen. Da nun von der Aufhebung namentlich solche Rechte bedroht waren, welche in den Zuständen des Feudal- und Patrimonialstaates ihre Begründung fanden, so lag es in der Natur der Sache, dafs vorzugsweise solche Schriftsteller, welche die Aufrechterhaltung der feudalen und patrimonialen Rechte erstrebten, energisch für die erworbenen Rechte eintraten. So namentlich Karl Ludwig v. Haller[1] und Friedrich Julius Stahl[2]. Letzterer hebt ausdrücklich hervor, dafs auch die s. g. feudalen Rechte dieses Schutzes teilhaftig seien[3]. Aber selbst er giebt zu, dafs die Geltung der erworbenen Rechte ihre Grenze in dem findet, was die Idee des Gemeinzustandes und der Rechtsordnung oder die naturgemäfse Fortbildung derselben mit unabweisbarer Notwendigkeit fordert. Deshalb können erworbene Rechte nicht als unantastbar gelten, so weit sie das Recht der Persönlichkeit anderer aufheben, z. B. bei der Sklaverei; sie müssen auch da weichen, wo der öffentliche Wohlbestand sie schlechthin nicht mehr erträgt[4]. Als ein unbedingter Grundsatz wird also die Unverletzlichkeit erworbener Rechte nicht einmal von Stahl hingestellt. Und auch die nachfolgenden Schriftsteller haben die Unverletzlichkeit erworbener Rechte nur principiell gefordert, die Aufhebung derselben dagegen für zulässig erklärt, wenn eine solche „aus dringenden Gründen"[5], „zur Förderung des Wohles des Ganzen"[6], zu „Staats- und anderen öffentlichen Zwecken"[7] notwendig erscheint.

---

[1] Restauration der Staatswissenschaften 2. Aufl. Bd. II. S. 372 ff., 404 ff.
[2] Philosophie des Rechtes. 3. Aufl. Bd. II. Abt. 1 S. 336 ff.
[3] a. a. O. S. 338.
[4] a. a. O. S. 339.
[5] C. F. v. Gerber, Grundzüge des deutschen Staatsrechts. 3. Aufl. S. 40.
[6] H. A. Zachariae, Deutsches Staats- und Bundesrecht. 3. Aufl. Bd. II. S. 116.
[7] H. Zoepfl, Grundsätze des gemeinen deutschen Staatsrechts. 5. Aufl. Bd. II, S. 502.

3.

Von großer Bedeutung bei diesen Erörterungen ist natürlich die Frage, was man unter einem erworbenen Recht zu verstehen hat. Der Ausdruck „erworbenes Recht" ist sehr alt und kommt schon bei den mittelalterlichen Juristen vor. Diese unterlassen aber durchaus eine nähere Begriffsbestimmung desselben und sie gebrauchen ihn eigentlich wohl nur deshalb, weil bei ihnen die Unterscheidung, ob der Anspruch auf Grund des jus naturale oder auf Grund des jus civile erworben ist, eine so große Rolle spielt. Auch bei Hugo Grotius begegnet uns die Bezeichnung des jus quaesitum, aber ebenfalls nur, um die Unterscheidung des jus quaesitum ex vi juris naturalis und ex vi juris civilis abzulehnen[1]. Dagegen hat die spätere Naturrechtslehre allerdings einen ganz bestimmten Begriff des erworbenen Rechtes entwickelt und zwar im Gegensatz zum angeborenen Recht. Das angeborene Recht ist dasjenige, welches aus der angeborenen Pflicht hervorgeht, es folgt aus der Natur des Menschen und ist für alle Menschen gleich[2]. Das erworbene Recht dagegen ist dasjenige, welches durch Hinzukommen einer besonderen menschlichen Thätigkeit entsteht (quod interveniente demum facto humano resultat); es folgt nicht aus der menschlichen Natur, sondern ist ein besonderes Recht des Einzelnen[3].

Mit dieser Unterscheidung der erworbenen Rechte von den angeborenen war aber für die Frage der Unverletzbarkeit wenig anzufangen, denn der Grundsatz der Unverletzbarkeit galt ja für die angeborenen Rechte in noch viel höherem Maße als für die erworbenen. Erstere konnten dem Menschen, weil sie ihm von Natur zustanden, gar nicht entzogen werden, während bei letzteren wenigstens aus

---

[1] a. a. O. Lib. II. cap. 14 § 7, 8.
[2] Christian Wolf, Jus naturae methodo scientifico pertractatum. Pars. I, cap. 1 § 26—30.
[3] Christ. Wolf a. a. O. § 35—38.

besonderen Gründen eine Entziehung möglich war[1]. Nichtsdestoweniger wurde die naturrechtliche Unterscheidung auch von denjenigen Vertretern des positiven Staatsrechts festgehalten, welche wenigstens principiell den Grundsatz der Unverletzlichkeit erworbener Rechte vertraten. So bezeichnet namentlich Pütter die erworbenen Rechte als solche, welche dem Einzelnen **nicht kraft der natürlichen Freiheit** zustehen, sondern **auf einem speciellen Rechtstitel** beruhen[2].

Es ist aber aus den angeführten Gründen sehr begreiflich, dafs diese Begriffsbestimmung den späteren Schriftstellern nicht genügte. Der Ausdruck „erworbene Rechte" gewinnt daher allmählich eine veränderte Bedeutung. Die Wendung vollzieht B. W. Pfeiffer in seinen praktischen Ausführungen[3]. Er knüpft an die Püttersche Begriffsbestimmung an, wonach wohl erworbenes Recht (jus quaesitum) dasjenige Recht heifst, welches nicht auf der natürlichen Freiheit beruht, sondern durch einen besonderen Rechtsgrund erworben ist. Aber der Ausdruck „natürliche Freiheit", meint er, sei gar zu unbestimmt. Unter natürlicher Freiheit könne man nämlich einmal den uneingeschränkten Genufs derjenigen Rechte verstehen, welche dem Menschen von Natur zukämen, ohne dabei an ein Verhältnis zum Staate zu denken. In diesem Sinne könne aber der Ausdruck hier, wo lediglich von staatsrechtlichen Grundsätzen die Rede sei, nicht gebraucht werden. Dann pflege man aber unter natürlicher Freiheit im Staate auch wohl den ungestörten Genufs aller derjenigen Rechte zu verstehen, welche jemandem als Staatsbürger und vermöge der im Staate geltenden Gesetze zukämen. Nur von dieser natürlichen Freiheit könne hier die Rede sein. Den auf einem

---

[1] Christ. Wolf a. a. O. § 64, 67.
[2] Institutiones juris publici § 119. Ebenso Häberlin, Handbuch des teutschen Staatsrechtes Bd. I, S. 382.
[3] Praktische Ausführungen aus allen Teilen der Rechtswissenschaft. Bd. I, S. 246 ff.

besonderen Rechtsgrunde beruhenden Rechten ständen diejenigen gegenüber, welche lediglich aus der Staatsbürgerqualität und unmittelbar aus den Gesetzen hervorgingen. Letztere seien unter die wohlerworbenen oder, wie man sie auch nennen könne, unabänderlichen Rechte nicht zu rechnen. Sie ständen dem Einzelnen nur so lange zu, wie das Gesetz, welches sie verliehen hätte, fortdauere; mit der Abänderung oder Aufhebung desselben fielen sie von selbst hinweg. Niemand habe einen Anspruch auf Beibehaltung der bestehenden Gesetze.

Die Gegenüberstellung von den auf **Gesetz** und den auf einem **besonderen Rechtsgrunde** beruhenden Rechten hat auch bei den **späteren Schriftstellern** Billigung gefunden. Zu dem Begriff des erworbenen Rechtes erfordern sie, dafs dasselbe: 1. einer individuell bestimmten Person zustehe, und 2. auf Grund eines speciellen Rechtstitels (Rechtsgeschäft, Verjährung, Privileg, Gesetz, worunter in diesem Falle natürlich nur ein Individualgesetz verstanden sein kann) erworben sei[1].

---

[1] So spricht Zoepfl a. a. O. S. 505 von „wohlerworbenen, d. h. auf besonderen Rechtstiteln beruhenden Rechten". H. A. Zachariae a. a. O. S. 112 ff. fordert für den Begriff des wohlerworbenen Rechtes: 1. Begründung durch einen speciellen und gültigen Rechtstitel; 2. ein gegenwärtiges Recht, nicht blofs eine rechtliche Hoffnung; 3. eine bestimmte Person als berechtigtes Subjekt. v. Gerber a. a. O. S. 39 sagt: „Zu den wohlerworbenen Rechten gehört aber nicht die blofse Befugnis des freien Handelns in einem Gebiete, in welchem die bisherige Gesetzgebung keine Beschränkung auflegte, überhaupt nicht das Recht jedes Einzelnen, an den Vorteilen teilzunehmen, welche eine **gesetzliche Anordnung** gewährt, die nur als **abstrakte Norm** wirken will; vielmehr sind darunter allein diejenigen Befugnisse zu verstehen, in denen eine im objektiven Recht enthaltene Willensmöglichkeit durch **irgendeinen Vorgang**, sei dieser ein Rechtsgeschäft, eine sonstige rechtsbegründende Thatsache oder ein Gesetz, als **konkret bestimmte Rechtszuständigkeit eines individuellen Subjektes** realisiert worden ist." Auch v. Martitz in der Zeitschrift für die gesamte Staatswissenschaft Bd. XXXII. S. 571 unterscheidet **gesetzliche** und **wohlerworbene** Rechte. Ebenso müssen nach Gierke, Deutsches Privatrecht Bd. I, S. 192 als „erworbene Rechte diejenigen bezeichnet werden, welche ihrem Subjekte kraft eines **besonderen Erwerbsgrundes** zustehen. An einer späteren Stelle heifst es (a. a. O. S. 194): „**Keine** erworbenen Rechte sind aber die allgemeinen und besonderen **gesetzlichen** Rechte, die für alle Personen oder für alle Angehörigen einer bestimmten Personenklasse unmittelbar durch

In diesen Auseinandersetzungen ist nun das jedenfalls zutreffend, dafs niemand einen Anspruch auf Aufrechterhaltung der bestehenden Gesetze besitzt. Aber davon verschieden ist die Frage, wie es mit dem Schutz derjenigen subjektiven Rechte steht, welche unmittelbar aus diesen Gesetzen hervorgehen. Die vorher erwähnten Schriftsteller beschränken den Begriff des erworbenen Rechtes auf diejenigen Rechte, welche dem Einzelnen **nicht kraft der allgemeinen Gesetze**, sondern **kraft specieller Rechtstitel** zustehen. Nur für letztere soll der **Grundsatz der Unverletzlichkeit** Geltung haben. Aber gegen diese Behauptung, überhaupt gegen die ganze Unterscheidung der gesetzlichen und erworbenen Rechte erheben sich gewichtige Bedenken. Eine positive Rechtsquelle, auf welche dieselbe gestützt werden könnte, existiert nicht[1]. Sie ist ein reines Erzeugnis der Theorie. Und die Theorie hat den Satz eigentlich nur **aufgestellt**, nicht **bewiesen**. Warum soll nur ein Recht, das mir kraft eines speciellen Rechtstitels zusteht, ein erworbenes Recht und eines besonderen Schutzes teilhaftig sein? Sind diejenigen Rechte, welche ich auf Grund einer allgemeinen Rechtsvorschrift geniefse, nicht auch erworbene und zwar wohlerworbene Rechte?

Zweifellos hat der Gesetzgeber die Befugnis, durch Änderung der gesetzlichen Erbfolge mich des Rechtes zu

---

Rechtssatz begründet sind. Denn bei ihnen fehlt eben **ein individueller Erwerbsgrund.**" Viel enger fafst den Begriff Lassalle, System der erworbenen Rechte Bd. I, S. 61. Er will unter erworbenen Rechten nur solche verstehen, „welche durch eine **individuelle Willenshandlung** des Individuums mit ihm vermittelt und von ihm verseinigt worden sind." Dieser Begriff ist aber weder vom Verfasser selbst bei seinen ferneren Ausführungen konsequent festgehalten noch auch von späteren Schriftstellern gebilligt worden.

[1] Gierke a. a. O. S. 193 bezeichnet die Unterscheidung von gesetzlichen und erworbenen Rechten als ein „**positivrechtliches Ergebnis der geschichtlichen Entwicklung**". Positivrechtlich ist aber nur das, was entweder gesetzlich oder gewohnheitsrechtlich feststeht. Nun beruft sich Gierke für seine Behauptung teils auf einige oberstrichterliche Erkenntnisse, teils auf zwei Stellen des österreichischen und sächsischen bürgerlichen Gesetzbuches (Anm. 29 u. 39). Aber in dem Umstande, dafs die Entscheidungsgründe der angeführten Erkenntnisse

berauben, künftighin in den Nachlafs eines Verwandten zu succedieren. Denn hier besteht noch kein subjektives Recht, sondern nur eine Rechtshoffnung. Wenn ich aber eine Erbschaft erworben habe, so mufs ich im Besitze derselben geschützt werden. Dabei ist es ganz gleichgültig, ob der Erwerb ab intestato, also durch **Gesetz** oder kraft eines **Testamentes** oder eines **Erbvertrages** stattgefunden hat, ob ich als necessarius heres des römischen Rechtes oder gemäfs den Grundsätzen des deutschen Rechtes **unmittelbar durch den Tod des Erblassers** Erbe geworden bin oder ob dazu die **Antretung**, also ein **besonderes Rechtsgeschäft** erforderlich war. Und wenn man selbst bei dem Erwerb durch Erbschaft, auch wenn sie kraft Gesetzes erfolgt, in dem Erbschaftsanfall noch einen besonderen Rechtstitel oder individuellen Erwerbsgrund erblicken wollte[1], wie steht es dann in anderen Fällen, wo der Erwerb zweifellos nur auf Grund des Gesetzes stattfindet? Der Alimentationsanspruch eines unehelichen Kindes entsteht durch die Geburt; hier kann von einem speciellen Rechtstitel oder individuellen Erwerbsgrunde keine Rede sein, das Recht beruht also lediglich auf Gesetz. Dasselbe gilt von dem gesetzlichen Pfandrecht, denn der etwa vorhergehende Vertrag begründet nicht dieses, sondern nur die Forderung. Soll denn nun ein **gesetzliches Pfandrecht** weniger

---

gelegentlich mit dem Begriff „der erworbenen Rechte" operieren, ist doch keine gewohnheitsrechtliche Anerkennung dieses Begriffes im Sinne einer bestimmten wissenschaftlichen Theorie zu erblicken. Und ebenso wenig haben die beiden erwähnten Privatrechtsgesetzbücher die Absicht, den Begriff der erworbenen Rechte festzustellen. Sie sprechen lediglich den Grundsatz aus, dafs Gesetze keine rückwirkende Kraft haben und ziehen daraus die Folgerung, dafs dieselben „auf vorhergegangene Handlungen" und „vorher erworbene Rechte" keinen Einflufs haben, sprechen also überhaupt nicht von „erworbenen", sondern von „vorher erworbenen Rechten". (Österr. Bürg. G.-B. § 5. Sächs. Bürg. G.-B. § 2.) Den Gegensatz zu diesem bilden nicht die **gesetzlichen**, sondern die **nach Erlafs des neuen Gesetzes** erworbenen Rechte. Wenn endlich Gierke meint, die Unterscheidung sei auch innerlich gerechtfertigt, da sie dem Rechtsbewufstsein entspräche, so ist damit selbstverständlich für die positivrechtliche Geltung gar nichts bewiesen.

[1] Wie es **Gierke** a. a. O. S. 193, Anm. 33 thut.

Schutz geniefsen als ein vertragsmäfsiges? soll ein Alimentationsanspruch, den ich kraft eines Vermächtnisses besitze, unverletzlich, ein solcher, der mir kraft Gesetzes zusteht, entziehbar sein? Und genau so liegt es bei den öffentlichen Rechten. Auch hier ist es ganz gleichgültig, ob der Erwerb kraft Gesetzes oder kraft eines speciellen Rechtstitels stattgefunden hat. Sollte die Landstandschaft, die Patrimonialgerichtsbarkeit und Patrimonialpolizei, die Steuerfreiheit der Rittergutsbesitzer, wenn sie auf einem allgemeinen Gesetze beruhte, der Aufhebung unterliegen, dagegen wenn sie den einzelnen Berechtigten kraft besonderer Privilegien zustand, unentziehbar sein? Ob das eine oder das andere der Fall war, hing oft von reinem Zufall ab und häufig genug ist das, was ursprünglich durch einzelne Privilegien festgesetzt war, später in einem allgemeinen Gesetz zusammengefafst worden. Oder, um ein modernes Beispiel zu gebrauchen, soll das Mitglied einer ersten Kammer, welches einen erblichen Sitz auf Grund der Verfassung, also kraft Gesetzes besitzt, desselben durch eine entgegengesetzte Anordnung beraubt werden können; derjenige dagegen, welcher erblich oder lebenslänglich durch Verfügung des Monarchen berufen ist, einen unverletzlichen Anspruch auf die Standschaft besitzen?

Aber auch auf den Umstand, dafs das betreffende Recht einer individuell bestimmten Person zusteht, ist ein entscheidendes Gewicht nicht zu legen. Allerdings kann von einem subjektiven Recht nur da die Rede sein, wo dasselbe mit einer Person als Berechtigtem verbunden ist. Aber diese Person braucht nicht notwendig in der rechtsbegründenden Anordnung individuell bestimmt zu sein. Wäre letzteres erforderlich, so würden diejenigen Rechte, welche einem ganzen Stande oder einer ganzen Klasse von Personen eingeräumt sind, nicht als erworbene anzusehen sein und demnach der beliebigen Aufhebung im Wege der Gesetzgebung unterliegen. Also namentlich die

I. 2.

Rechte der **Standesherren**. Und doch wird von den Vertretern jener Theorie gerade für sie die Eigenschaft erworbener Rechte in Anspruch genommen und auf Grund dessen ihre Unverletzlichkeit behauptet[1]. Diese Ausführungen zeigen zur Genüge, dafs die Unterscheidung von erworbenen und auf Gesetzen beruhenden Rechten unhaltbar ist. **Jedes Recht** hat den Charakter **eines erworbenen Rechtes**[2]. Der Ausdruck „erworbenes

---

[1] H. A. Zachariae a. a. O. S. 115.
[2] Dies ist auch schon von einzelnen der früheren Schriftsteller hervorgehoben worden. So sagt namentlich Christiansen, Über erworbene Rechte. Kiel 1856 S. 52: „Was man als erworbenes Recht zu bezeichnen pflegt, ist nichts anderes als konkret bestimmtes subjektives Recht." Auch Jellinek, System der subjektiven öffentlichen Rechte, Freiburg i. B. 1892 S. 320 bemerkt: „Die Garantie erworbener Rechte heifst daher nur, dafs der dem Individuum zustehende aktuelle Rechtsbestand von Staatswegen nicht gegen seinen Willen vermindert werden kann." Und Regelsberger, Pandekten Bd. I, S. 440 bemerkt in völliger Übereinstimmung mit der hier entwickelten Ansicht: „Jedes Recht ist ein erworbenes". Zu demselben Ergebnis gelangen auch solche privatrechtliche Schriftsteller, welche den Begriff der erworbenen Rechte bei der Frage der Rückwirkung der Gesetze erörtern und bei der Begriffsbestimmung lediglich Privatrechte im Auge haben. Ihre Charakterisierung der erworbenen Rechte ist eine solche, dafs darunter alle Rechte, welche überhaupt die Eigenschaft von subjektiven Privatrechten haben, subsummiert werden müssen, nur Rechtshoffnungen und rechtliche Qualifikationen ausgeschlossen sind. So sagt Unger, System des allgemeinen österreichischen Privatrechts Bd. I, 5. Aufl. S. 119: „Unter wohlerworbenen Rechten sind solche Rechte zu verstehen, welche einer bestimmten individuellen (physischen oder moralischen) Person in **Folge eines Rechtsgrundes bereits zustehen** oder mit der Sache bereits **verknüpft sind**." Und später (a. a. O. S. 123) wird bemerkt, es sei gleichgültig, ob „das subjektive Recht **unmittelbar aus dem Gesetz** entstehe oder ob es **aus einem vorhergegangenen Rechtsgeschäft** entspringe." Ähnlich auch Stobbe, Handbuch des deutschen Privatrechts Bd. I, 3. Aufl. S. 209; „Als wohlerworben erscheinen im allgemeinen diejenigen Rechte, **für welche sämtliche Thatsachen eingetreten sind, welche die betreffende Rechtswirkung hervorzubringen geeignet sind**, sie stehen im Gegensatz gegen die für alle Personen zufolge einer allgemeinen Rechtsvorschrift bestehenden rechtlichen Zustände und gegen die **Möglichkeiten, Aussichten und Hoffnungen**, durch eine juristische Thatsache auf Grund gesetzlicher Vorschriften ein Recht zu erwerben." Dagegen verzichten Pfaff und Hofmann, Exkurse über österreichisches allgemeines bürgerliches Recht Bd. I. S. 130 ff. überhaupt auf eine genaue Begriffsbestimmung der erworbenen Rechte. Es heifst daselbst: „„Kurz „erworbene Rechte" ist nur der schillernde, eigentlich etwas anderes sagende und darum recht unpassende Ausdruck für unan-

Recht" besitzt daher keinerlei Wert; es besteht kein Bedürfnis, ihn weiter aufrecht zu erhalten; man kann statt dessen ebenso gut von bestehenden Rechten oder überhaupt von subjektiven Rechten sprechen. Gilt denn nun aber für bestehende Rechte der Grundsatz der Unverletzlichkeit? Gesetzlich ausgesprochen ist er nicht. Unsere Verfassungen beschränken sich darauf, die Unverletzlichkeit des Eigentums und auch diese nur mit erheblichen Einschränkungen zuzusichern[1]. Auf ein anerkanntes Gewohnheitsrecht kann man sich ebenso wenig berufen. Denn niemand wird behaupten wollen, in der Staatenpraxis habe eine stetige Beobachtung des Grundsatzes der Unverletzlichkeit erworbener Rechte stattgefunden. Im Gegenteil, unsere Gesetzgebung ist, wo sie es im Interesse der Fortbildung des Rechtszustandes für notwendig hielt, über Feudal- und Patrimonialrechte, über Gewerbsprivilegien und Zunftbefugnisse kühn hinweggeschritten. Auch die Theorie hat den Grundsatz der Unverletzlichkeit wohl erworbener Rechte keineswegs als ein unbedingtes Princip proklamiert. Sie hat nur gefordert, dafs erworbene Rechte lediglich im öffentlichen Interesse und, so weit sie Vermögenswert besitzen, gegen Entschädigung entzogen werden. Wer soll aber über das Vorhandensein des öffentlichen Interesses urteilen? Doch jedenfalls nur derjenige, dem die Wahrung der öffentlichen Interessen überhaupt obliegt, der Staat. Und selbst der Grundsatz, dafs lediglich im öffentlichen Interesse in bestehende Rechte eingegriffen werden soll, bildet nur eine materielle, keine formelle Schranke für die Staatsgewalt. Der Staat als die höchste Rechtsmacht auf Erden ist rechtlich durch keine Schranke gebunden, in rechtlicher

---

tastbare, selbst vom Gesetzgeber zu schonende Rechte" oder für „Rechte, welche von Gesetzesänderungen unberührt bleiben sollen." Aber er ist kurz und traditionell und darum wohl kaum mehr zu entbehren""(a. a. O. S. 132).

[1] Vergl. die Citate in meinem Lehrbuch des deutschen Staatsrechts 4. Aufl. § 222 S. 700 N. 1 und österreichisches Staatsgrundgesetz vom 21. Dez. 1867 über die allgemeinen Rechte der Staatsbürger Art. 5.

Beziehung omnipotent. Dies gilt namentlich, wenn es sich um Ausübung der höchsten Funktionen der Staatsgewalt, der gesetzgebenden, handelt. Selbst brutale Gewaltakte würden, wenn sie in der Form eines Gesetzes aufträten, **formell Recht**, für Gerichte, Verwaltungsbehörden, Unterthanen verbindlich sein. **Formell** sind also die gesetzgebenden Organe des Staates in der Lage, sich über jedes bestehende Recht hinweg zu setzen. Aber eben auch nur **formell**. Nicht alles, was äufserlich sich als Recht darstellt, entspricht den Forderungen der **Gerechtigkeit**. Und diese dürfen die Staatsleiter niemals aufser acht lassen. Der Satz „justitia fundamentum regnorum" enthält eine Wahrheit, die von jeher gegolten hat und zu allen Zeiten ihre Berechtigung behaupten wird. Aber der Grundsatz der Gerechtigkeit ist nicht identisch mit der Aufrechterhaltung **aller** bestehenden Rechte. Es kann subjektive Rechte geben, deren Bestand im höchsten Grade ungerecht ist, die vielleicht in früheren Zeiten eine materielle Berechtigung gehabt, infolge veränderter Verhältnisse sie aber völlig verloren haben. Sollen diese nun blofs deshalb, weil sie bestehen, ewig erhalten werden? Die gröfsten Fortschritte, welche sich im politischen, wirtschaftlichen, socialen Leben der Völker vollzogen haben, wären unmöglich gewesen, wenn die bestehenden Rechte eine absolute Schranke für die Staatsgewalt gebildet hätten.

Die Unverletzlichkeit bestehender Rechte kann demnach nicht als ein unbedingter Grundsatz hingestellt werden. Eingriffe sind zulässig, wenn sie durch höhere Rücksichten des Gemeinwohls gefordert werden. Im einzelnen gestaltet sich das Verhältnis des Staates zu den subjektiven Rechten verschieden, je nach dem es sich um Privatrechte oder öffentliche Rechte handelt.

4.

Das Privatrecht soll den Zwecken des Individuums dienen. Diesen wird es entzogen, wenn die Staatsgewalt es für einen öffentlichen Zweck in Anspruch nimmt. Bei einem Eingriff in die Privatrechte ist daher stets eine sorgsame und eingehende Prüfung erforderlich, ob wirklich überwiegende Gründe des Gemeinwohls denselben als notwendig erscheinen lassen. Ist dies der Fall, so macht sich allerdings das öffentliche Interesse als das stärkere geltend und das Privatrecht mufs demselben weichen. Aber hier besteht regelmäfsig die Möglichkeit, für das entzogene Privatrecht eine Entschädigung zu gewähren. Denn die Privatrechte, deren Entziehung in Frage kommt, sind meist Vermögensrechte. Es lassen sich allerdings auch Eingriffe des Staates in Familienrechte denken. So enthält z. B. die durch die deutsche Landesgesetzgebung der letzten anderthalb Jahrzehnte ausgebildete Zwangserziehung sittlich verwahrloster Kinder[1] eine zwangsweise Beseitigung des elterlichen Erziehungsrechtes. Auch durch Akte der Gesetzgebung kann eine Entziehung von Familienrechten, z. B. eine Beschränkung der väterlichen und ehemännlichen Gewalt, eine Verminderung der Befugnisse des Vormundes stattfinden. In allen diesen Fällen ist selbstverständlich von Entschädigung keine Rede. Aber eine grofse praktische Bedeutung haben dieselben nicht; der Schwerpunkt der Frage liegt entschieden in dem Verhältnis des Staates zu den privaten Vermögensrechten.

Beseitigungen privater Vermögensrechte können zunächst durch allgemeine gesetzliche Vorschriften erfolgen. Solche kommen da in Anwendung, wo es sich um Änderung eines ganzen Rechtszustandes handelt. So sind in diesem Jahrhundert Leibeigenschaft, Lehnsherrlichkeit, das Jagdrecht auf fremdem Grund und Boden, gewerbliche Zwangs- und Bannrechte, die Verbietungsrechte der Zünfte und sonstige ausschliefsliche Gewerbeberechtigungen im Wege der Gesetzgebung aufgehoben worden.

---

[1] Vergl. darüber mein Lehrbuch des deutschen Verwaltungsrechtes Bd. I, S. 273 ff.

Es kann keinem Zweifel unterliegen, dafs die Gesetzgebung zu einem solchen Vorgehen formell befugt war. Aber auch ihre materielle Berechtigung dazu ist nicht zu bestreiten. Denn die Beseitigung aller dieser Einrichtungen war durch wirtschaftspolitische und socialpolitische Gründe dringend geboten. Es galt die Befreiung und Hebung des Bauernstandes, die Förderung der Landeskultur, die Wegräumung von Schranken, welche die gewerbliche Thätigkeit einengten und ihre Entwicklung unmöglich machten. Bei einzelnen der angeführten Rechte ist für die Aufhebung eine Entschädigung gewährt worden. Aber auch nur bei einzelnen. Zur Versagung der Entschädigung war die Gesetzgebung formell gleichfalls befugt. Dieselbe erscheint auch materiell berechtigt da, wo ein mefsbares, vermögensrechtliches Interesse der Berechtigten nicht vorlag. So z. B. bei Beseitigung der Zunftprivilegien. Denn es war aufserordentlich fraglich, ob diese überhaupt eine Schädigung der Zunftmeister enthielt, ob nicht gerade umgekehrt die Befreiung des Handwerks von den hergebrachten Fesseln für dieselben oder wenigstens für die strebsameren und tüchtigeren unter ihnen wesentliche Vorteile im Gefolge hatte. Anders liegt es dagegen beim Jagdrecht auf fremdem Grund und Boden. Wenn dasselbe auch in früheren Zeiten vielfach usurpatorisch erworben war, so bildete es doch zur Zeit der Aufhebung für den Berechtigten einen Bestandteil seines Vermögens. War ein Gut, an dessen Besitz ein derartiges Jagdrecht sich anknüpfte, durch Kauf in andere Hände übergegangen, so hatte der Wert dieses Rechtes in dem Kaufpreise seinen Ausdruck gefunden und der Käufer für den Erwerb desselben ein Äquivalent geleistet. Wenn ihm das so erworbene Recht ohne Entschädigung entzogen wurde, so entsprach das gewifs nicht den Forderungen der Gerechtigkeit und Billigkeit. Trotzdem ist in vielen Staaten so verfahren worden. Daraus ergiebt sich, dafs der Grundsatz: bestehende Vermögensrechte dürfen nur gegen

Entschädigung aufgehoben werden, in der Gesetzgebung keineswegs eine unbedingte Anerkennung gefunden hat.

Eine Entziehung privater Vermögensrechte kann aber auch durch **Verwaltungsakte** geschehen. Hier handelt es sich nicht um die Änderung eines ganzen Rechtszustandes, sondern um die Übertragung oder die Aufhebung **eines einzelnen Vermögensrechtes**.

Der wichtigste Fall ist der der **Enteignung**, welche den Erwerb eines privaten Vermögensobjektes für den Staat oder für ein öffentliches Unternehmen bezweckt. Die Enteignung hat durch die Bestimmungen der Civilgesetzbücher, der Verfassungen, der Enteignungsgesetze eine eingehende gesetzliche Regelung gefunden. Überall gilt der Grundsatz, daſs eine Entziehung von Eigentum und anderen Vermögensrechten nur im öffentlichen Interesse nach Maſsgabe des Gesetzes und gegen vollständige, regelmäſsig auch vorgängige Entschädigung stattfinden darf. Die wichtigste Frage ist hier also die, wie das Vorhandensein des öffentlichen Interesses im einzelnen Falle konstatiert werden soll. Dies kann geschehen entweder durch gesetzliche Feststellung der Enteignungsfälle (Bayern) oder durch Verleihung des Enteignungsrechtes seitens eines höheren Regierungsorgans (Preuſsen, Württemberg, Baden, Frankreich) oder durch Erlaſs eines Specialgesetzes für jede einzelne Enteignung (England, Schweiz, freie Städte, Frankreich bei gröſseren Unternehmungen)[1].

Die Enteignung findet ihre hauptsächlichste Anwendung bei **Grundstücken**. Doch unterliegen derselben auch **bewegliche Sachen**, so namentlich Pferde bei der Mobilmachung sowohl nach der deutschen als nach der österreichischen Gesetzgebung. Eine Enteignung ist ferner

---

[1] In Österreich besteht Streit, ob eine Enteignung nur in den durch besondere Gesetze festgestellten Fällen stattfinden darf (Grünhut, Enteignungsrecht S. 96 ff.) oder ob eine solche auſserdem noch auf Grund des § 365 des bürgerlichen Gesetzbuches im Verwaltungswege angeordnet werden kann. (Pražák, das Recht der Enteignung in Österreich. Prag 1877 S. 82 ff.)

bei s. g. Rechten an immateriellen Gütern möglich, wie z. B. nach dem deutschen Patentgesetz eine Entziehung des Patentrechtes gegen Entschädigung stattfinden kann, wenn eine Erfindung nach Bestimmung des Reichskanzlers für das Heer oder die Flotte oder sonst im Interesse der öffentlichen Wohlfahrt benutzt werden soll[1].

Neben der Enteignung kommen die **Ablösungen der Reallasten** und gewisser **Servituten**, d. h. die Aufhebung derselben gegen Entschädigung, in Betracht. Das Gesetz spricht die Ablösbarkeit aus und erkennt damit das öffentliche Interesse an der Aufhebung dieser Lasten an, welche der Befreiung des Bauernstandes und der Beförderung der Landeskultur zu dienen bestimmt ist und die Reste der Naturalwirtschaft beseitigen soll. Eine besondere Anordnung der Verwaltungsbehörde ist daher zur Durchführung der Ablösung nicht erforderlich; es genügt der Antrag eines Beteiligten. Die Verwaltung wird nur thätig, um die Entschädigung festzusetzen und die Ablösung formell zu vollziehen.

Als Eingriffe in private Vermögensrechte sind ferner die **Zusammenlegungen ländlicher Grundstücke** zu erwähnen, welche in unserer Gesetzgebung unter der Bezeichnung „Separationen", „Verkoppelungen", „Feld- und Flurbereinigungen", „Arrondierungen" u. s. w. vorkommen. Auch diese werden im Landeskulturinteresse unternommen; sie sollen die Nachteile der durch die früheren Wirtschaftszustände herbeigeführten Gemengelage der Grundstücke beseitigen und eine rationellere Bewirtschaftung der Güter ermöglichen. Hier ist ebenso wie bei den Ablösungen das öffentliche Interesse an der Mafsregel gesetzlich anerkannt; zur Realisierung derselben wird nur ein Beschlufs der Beteiligten erfordert. Die Verwaltung beschränkt sich darauf, die Art und Form der Durchführung im einzelnen zu regeln. Die Entschädigung besteht, abweichend von den anderen Fällen, regelmäfsig nicht in Geld, sondern in Land.

---

[1] Patentgesetz vom 7. April 1891 § 3.

Bei allen Aufhebungen von privaten Vermögensrechten welche nicht durch unmittelbare gesetzliche Vorschriften erfolgen, ist demnach der Grundsatz der Entschädigung streng festgehalten. Insbesondere kann die Verwaltung dem Einzelnen ein Vermögensrecht nur entziehen, wenn sie ihm dafür vollen Ersatz gewährt. Im Verhältnis des Einzelnen zur Verwaltung kann man daher, wenn auch nicht den Grundsatz der Unverletzlichkeit der erworbenen Rechte, so doch den Grundsatz der Unverletzlichkeit des Vermögens aufstellen, sofern man dabei den Gesamtbestand des Vermögens im Auge hat.

Aber dieser Grundsatz der Unverletzlichkeit des Vermögens gilt auch nur bei Entziehung von Vermögensrechten. Dagegen kann die Verwaltung, insbesondere die Polizei, kraft ihrer Verordnungs- und Verfügungsbefugnisse, sehr vielfach in den Rechtskreis des Einzelnen eingreifen, indem sie ihm im öffentlichen Interesse Beschränkungen auferlegt und ihn dadurch in seinen Vermögensverhältnissen beeinträchtigt. So kann z. B. der Eigentümer eines Bauplatzes eine nicht unwesentliche Schädigung erleiden, wenn für den Stadtteil, wo derselbe gelegen ist, durch polizeiliche Anordnung die s. g. offene Bauweise eingeführt, er also gezwungen wird, mit seinem Bau in einer gewissen Entfernung von den Grenzen der beiden Nachbarn zu bleiben. Der Bauplatz, welcher bisher Raum für ein Doppelhaus geboten hätte, reicht jetzt vielleicht nur noch für ein einfaches Haus aus; er wird also bis zu einem gewissen Grade entwertet. Ähnliche Eingriffe liegen vor, wenn ein Grundbesitzer gezwungen wird, gewisse Anlagen, z. B. Kies-, Lehm- und Sandgruben, in einer bestimmten Entfernung von einem öffentlichen Wege zu halten oder wenn die Behörde jemand die Errichtung eines gewerblichen Etablissements auf seinem Grundstück deshalb untersagt, weil dasselbe Belästigungen des Publikums zur Folge hat oder weil der Betrieb mit einem Geräusch verbunden ist, welches in der Nähe öffentlicher Gebäude nicht geduldet werden soll. Alle diese Anordnungen muſs der Einzelne im öffentlichen Interesse über sich ergehen lassen, ohne einen Anspruch auf Entschädigung zu besitzen. Die Eingriffe des Staates in private Vermögensrechte haben aber in neuerer Zeit namentlich noch nach zwei Richtungen hin eine bedeutsame praktische Anwendung gefunden, bei den **Verstaatlichungen der Eisenbahnen** und bei den **Stadterweiterungen.** Diesen beiden Fragen soll im folgenden eine etwas eingehendere Betrachtung gewidmet werden.

5.

Zunächst von den **Eisenbahnverstaatlichungen.** Als in den dreiſsiger Jahren des gegenwärtigen Jahrhunderts der Eisenbahnbau in Deutschland begann, nahmen die **Mittelstaaten** sofort die Herstellung eines Staatsbahnsystems in Angriff. In **Preuſsen** dagegen war ein solches unmöglich, weil die damaligen Verfassungsverhältnisse die Aufnahme einer Anleihe nicht gestatteten. Auch in den **Kleinstaaten** war die Herstellung eines Staatsbahnnetzes ausgeschlossen, weil die groſsen Verkehrslinien weit über die Grenzen eines einzelnen Staates hinausgingen. So kam der Eisenbahnbau und Eisenbahnbetrieb zum groſsen Teil in die Hände von **Privatgesellschaften.** Als die verfassungsmäſsigen Hindernisse in Preuſsen beseitigt waren, begann man auch dort mit dem Bau von Staatsbahnen, so daſs sich ein **gemischtes System** von Staatsbahnen und Privatbahnen entwickelte. Die preuſsische Regierung hatte aber von vornherein erkannt, daſs die Vereinigung der Eisenbahnen in den Händen des Staates principiell wünschenswert sei und sich daher den Erwerb der Privatbahnen vorbehalten. Das Gesetz über die Eisenbahnunternehmungen vom 3. November 1838 bestimmte im § 42, daſs der Staat berechtigt sei, jede Privatbahn nach Ablauf von dreiſsig Jahren seit der Transporteröffnung anzukaufen und enthielt nähere Festsetzungen über die zu gewährende Entschädigung. In dieser Gesetzesstelle wird allerdings von einem „Ankauf" der Bahn gesprochen, in Wahrheit handelte es sich aber um eine Enteignung, welche ja in der damaligen Zeit vielfach als erzwungener Kauf aufgefaſst wurde, eine Auffassung, welche sich namentlich auch im preuſsischen Landrecht findet.

Im deutschen Eisenbahnwesen waren allmählich unhaltbare Zustände entstanden. Es existierte ein buntes Durcheinander von Staats- und Privatbahnen. Letztere waren zum Teil in den Händen von gröſseren, zum Teil in denen von kleineren Gesellschaften, welche sich unter einander bekämpften und befehdeten und deren Verwaltungen vielfach mehr den Vorteil ihrer Aktionäre als die Förderung der Verkehrsinteressen im Auge hatten. Namentlich entbehrte das deutsche Eisenbahnwesen jeder planmäſsigen und einheitlichen Leitung. Es bestand daher ein dringendes öffentliches Interesse, diese Verhältnisse zu bessern, die mit ihnen verknüpften Übelstände zu beseitigen. Der Versuch, hier auf dem Wege der Reichsgesetzgebung zu helfen, war erfolglos, das Zustandekommen des Reichseisenbahngesetzes scheiterte an dem Widerstande der einzelstaatlichen Eisenbahnverwaltungen. Der Plan, alle deutschen Eisenbahnen in den Händen des Reiches zu vereinigen, muſste wegen Abneigung der Mittelstaaten gegen denselben gleichfalls aufgegeben werden. Nunmehr nahm Preuſsen die Angelegenheit in die eigene Hand. Es schritt zum Ankauf aller gröſseren Privatbahnen auf seinem Gebiet und dem der benachbarten kleineren norddeutschen Staaten. Der Erwerb aller dieser Bahnen ist im Wege freihändigen Kaufes erfolgt. Der preuſsische Staat hat sich nicht genötigt gesehen, von dem ihm kraft des Eisenbahngesetzes vom 3. Nov. 1838 zustehenden Enteignungsrechte Gebrauch zu machen. Aber freilich, der vertragsmäſsige Ankauf der Bahnen ist nur deshalb gelungen, weil das Enteignungsrecht hinter demselben stand, weil der preufsische Eisenbahnminister den Eisenbahnverwaltungen mitteilte, er würde, wenn sie sich nicht mit ihm einigten, von der ihm zustehenden Befugnis, die Bahnen zwangsweise zu erwerben, Gebrauch machen. Nachdem auch Bayern und Sachsen durch den Ankauf der bayrischen Ostbahn und der Leipzig-Dresdener Bahn ihr Staatsbahnsystem vervollständigt haben, befinden sich jetzt in Deutschland fast alle grofsen durchgehenden Linien **in den Händen des Staates**. Von den kleineren Privatbahnen, welche mehr dem lokalen Verkehr zu dienen bestimmt sind, abgesehen, bestehen jetzt in Deutschland nur noch **zwei gröfsere Privatbahnkomplexe**, die hessische Ludwigsbahn, deren Linien wesentlich auf hessischem und preufsischem Gebiete gelegen sind, und die pfälzischen Bahnen. Die Verstaatlichung der ersteren hat in neuerer Zeit vielfach den Gegenstand eingehender Erörterungen gebildet, sowohl in den beiden Kammern des hessischen Landtages als auch in Gutachten und anderen litterarischen Äufserungen.

Die Frage über die zwangsweise Erwerbung der im Grofsherzogtum Hessen belegenen Strecken der **hessischen Ludwigsbahn** liegt in einer Beziehung etwas anders als die des Erwerbes der preufsischen Privatbahnen. In Preufsen beruhte das Recht der Regierung zur Erwerbung der Bahnen auf einer **allgemeinen gesetzlichen Vorschrift**, bei der hessischen Ludwigsbahn auf einem **Vorbehalt der Konzessionsurkunden**. Es ist daher die Behauptung aufgestellt worden, es handle sich hier gar nicht um ein **Enteignungsrecht**, sondern um ein **pactum de vendendo**, welches der Staat mit der Eisenbahngesellschaft abgeschlossen habe[1]. Diese Auffassung

---

[1] Von Laband in einer Denkschrift über die Verstaatlichung der im Grofsherzogtum Hessen gelegenen Strecken der hessischen Ludwigs-Eisenbahn-Gesellschaft. Mit der von mir vertretenen und in zwei Gutachten näher ausgeführten Ansicht stimmen überein ein Artikel über die rechtliche Natur der Eisenbahnkonzessionen in der Zeitschrift für Staats- und Gemeindeverwaltung im Grofsherzogtum Hessen. Jahrgang 18, Nr. 5,

erscheint mir unhaltbar. Eine **Eisenbahnkonzession** ist ein **hoheitlicher Akt**, der auf **einseitiger Anordnung des Staates** beruht, ein **pactum de vendendo** ein **privatrechtlicher Vertrag**, welcher durch **Vereinbarung der Kontrahenten** zustande kommt. Eine bestimmte Festsetzung kann unmöglich beides zugleich sein. Da nun die Bestimmungen über den Bahnerwerb einen Bestandteil der vom Staate erlassenen Konzessionsurkunde bilden, so müssen sie notwendig denselben Charakter haben, welchen die Konzessionen überhaupt besitzen, d. h. einseitige Anordnungen des Staates sein. Der in denselben vorbehaltene Übergang der Bahn in den Besitz des Staates erfolgt also nicht auf Grund eines **privaten Rechtsgeschäftes**, sondern in **Ausübung staatlicher Hoheitsrechte**. Diese Auffassung wird im vollsten Maſse durch den Wortlaut der Konzessionsurkunden bestätigt. Die betreffenden Stellen derselben beginnen ausnahmslos mit den Worten:

„Sollten Wir" (d. h. der Groſsherzog) oder „sollte Unsere Regierung" „es für angemessen halten, die Bahn zu einer Staatsbahn zu erklären und sie auf Staatskosten verwalten zu lassen",

und dann wird weiter festgesetzt, nach Ablauf welcher Zeit und gegen Gewährung welcher Entschädigung die Übernahme auf den Staat gestattet ist. Danach kann es keinem Zweifel unterliegen, daſs über den Erwerb der Bahn nicht ein **Vertrag zwischen Staat und Gesellschaft**, sondern **das einseitige Ermessen der Staatsorgane** entscheiden soll. Es handelt sich also nicht um **vertragsmäſsigen Ankauf**, sondern um **Enteignung**.

Ist es nun aber zulässig, daſs in **Konzessionsurkunden** für Eisenbahnen derartige Enteignungsrechte festgesetzt werden? Die Enteignungen sollen nur nach Maſsgabe des **Gesetzes** stattfinden. Das heiſst aber doch nicht,

---

S. 23 ff., **Cosack**, hessisches Staatsrecht in Marquardsens Handbuch des öffentlichen Rechtes S. 116, **Tezner** im Archiv für öffentliches Recht Bd. IX. S. 537 ff.

dafs jeder einzelne Enteignungsfall durch Gesetz festgestellt, sondern nur, dafs für die Festsetzung des Enteignungsrechtes eine gesetzliche Grundlage vorhanden sein mufs. Zur Erteilung von Eisenbahnkonzessionen ist in denjenigen Ländern, in welchen dieselben nicht der gesetzgebenden Gewalt vorbehalten sind, entweder das Staatsoberhaupt oder das Ministerium, also jedenfalls ein höheres Regierungsorgan, befugt. Ist nun in der Befugnis, Eisenbahnkonzessionen zu erteilen, auch das Recht enthalten, nach Ablauf einer bestimmten Zeit die zwangsweise Erwerbung der Eisenbahn durch den Staat vorzubehalten? Es besteht kein Bedenken, diese Frage zu bejahen. Die Eisenbahnkonzessionen dürfen nicht mit den Gewerbekonzessionen auf eine Linie gestellt werden. Letztere enthalten nur die Erlaubnis zur Errichtung einer bestimmten gewerblichen Anlage oder zum Betrieb eines bestimmten Gewerbes. Hier kann man sagen, dafs die Konzession gar keine Beziehung zu den Vermögensobjekten hat, welche in Folge derselben entstehen. Die Eisenbahnen sind dagegen keine privaten Gewerbsunternehmungen, sondern öffentliche Verkehrsanstalten. Sie werden mit Hülfe staatlicher Machtmittel in das Leben gerufen, insbesondere wird das staatliche Enteignungsrecht in den Dienst der betreffenden Gesellschaft gestellt. Eine Eisenbahnkonzession erteilt nicht blofs die Erlaubnis zum Betriebe einer bestimmten Linie, sondern sie regelt die gesamten Rechtsverhältnisse der Gesellschaft, sie verleiht derselben namentlich das Enteignungsrecht, ohne welches der gröfste und wesentlichste Teil ihres Vermögens gar nicht zur Entstehung gelangen könnte. Wenn daher der Staat in den Konzessionsurkunden sich das Recht des zwangsweisen Erwerbes der Bahn vorbehält, so greift er nicht in bestehende Vermögensrechte ein; er läfst vielmehr ein Vermögen, welches noch gar nicht existiert, nur unter der Bedingung zur Entstehung gelangen, dafs es nach Ablauf einer bestimmten Zeit auf ihn selbst übergehen soll. Und dieses Verfahren ist auch sachlich gerechtfertigt. Denn die Bahnen werden nicht in das Leben gerufen, um dem Unternehmer gewisse Geschäftsvorteile zuzuwenden oder einen Vermögenserwerb zu ermöglichen, sondern im Interesse des öffentlichen Verkehrs. Ist nun die Regierung der Meinung, dafs diese Interessen in den Händen des Staates am besten gewahrt werden, so mufs sie auch für befugt erachtet werden, die spätere Erwerbung des Unternehmens für den Staat vorzubehalten. Und von dieser Befugnis haben die Staatsregierungen der verschiedensten Länder mannigfachen Gebrauch gemacht. Sie haben den Erwerb von Privatbahnen nicht nur im Wege der Enteignung, d. h. gegen Zahlung einer Entschädigung ausbedungen, sondern vielfach sogar ein Heimfallsrecht sich vorbehalten, kraft dessen nach Ablauf einer längeren Periode das Unternehmen ohne Entschädigung auf den Staat übergeht.

6.

Eine ähnliche Entwicklung im Eisenbahnwesen wie Deutschland hat auch Österreich durchgemacht. Nach mehrfachem Schwanken ist man in den letzten Jahrzehnten entschieden auf die Herstellung von Staatsbahnen ausgegangen. Deshalb bedingen die neueren österreichischen Eisenbahnkonzessionen nicht nur gemäfs der Verordnung vom 14. Sept. 1854 nach Ablauf von neunzig Jahren den Heimfall des Unternehmens an den Staat aus, sondern sie behalten demselben auch das Recht vor, die Bahn zu jeder Zeit einzulösen, d. h. gegen Erstattung des Wertes zwangsweise zu erwerben. Dafs die österreichische Regierung zu einem solchen Verfahren befugt ist, kann nach den obigen Ausführungen einem Zweifel nicht unterworfen sein.

Von grofsem Interesse sind die Erörterungen gewesen, welche vor einer Reihe von Jahren über die Verhältnisse der Nordbahn stattgefunden haben. Bei diesen handelte es sich namentlich um zwei Fragen: 1. Hat die Nordbahn nach Ablauf ihres Privilegs einen Rechtsanspruch auf Erneuerung desselben? 2. Ist eine zwangsweise Enteignung derselben zulässig? Die erste Frage ist meines Erachtens zu verneinen. Der in Frage kommende Art. 10 des Privilegs vom 24. März 1836 lautete:

„Nach Ablauf der Privilegialjahre kann der Unternehmer mit den Real- und Mobiliarzubehörungen der dann erloschenen Unternehmung frei schalten, über deren Ablösung mit dem Staate oder mit Privaten in Unterhandlung treten, und, wenn er selbst oder die Abnehmer jener Zubehörungen sich zur Fortsetzung der Unternehmung melden sollten und diese als nützlich sich bewährt hätte, wird die Staatsverwaltung keinen Anstand nehmen, sich zur Erneuerung des Privilegiums herbeizulassen."

Nach dem Wortlaut dieser Bestimmung wird man nicht annehmen können, daſs die Staatsregierung damit eine bindende Verpflichtung übernehmen wollte. Die Worte „wird keinen Anstand nehmen" und „sich herbeilassen" sprechen entschieden gegen eine solche. Aber auch der Umstand läſst sich dagegen anführen, daſs es sich bei der Verlängerung des Privilegs um die Ausübung von Hoheitsrechten handelt und daſs es der Stellung des Staates nicht entspricht, in Bezug auf solche seinen Unterthanen gegenüber bindende Verpflichtungen zu übernehmen. Man könnte also höchstens zu dem Ergebnis kommen, daſs, wenn die Voraussetzung des „sich als nützlich Bewährens" eintraf, die Staatsregierung loyaler Weise ihre Zusage der Erneuerung des Privilegiums erfüllen muſste[1]. Keinesfalls

---

[1] Diese Ansicht wird namentlich auch in einem Rechtsgutachten vertreten, welches von dem Präsidenten des obersten Gerichtshofes erstattet und in den Beilagen zu den stenographischen Protokollen über die Sitzungen des Herrenhauses des österreichischen Reichsrates in den Jahren 1883, 1884. IX. Session. Bd. VI. Nr. 594 S. 15 ff. abgedruckt ist, ferner von Exner in einem Gutachten zur Nordbahnfrage in Grünhuts Zeitschrift Bd. XIV. S. 704 ff., Tänzerles, Vier Rechtsfragen betr. die

wäre die Verweigerung derselben ein Eingriff in erworbene Rechte gewesen. Schwieriger liegt die Frage, welche sich auf die Befugnis des Staates zur Enteignung bezieht. Zweifellos konnte eine solche im Wege des Gesetzes erfolgen. Ob auch durch Verwaltungsakt, das hängt davon ab, welche Bedeutung man dem § 365 des bürgerlichen Gesetzbuches neben den gesetzlich geregelten Enteignungsfällen zugestehen will[1]. Jedenfalls würden aber, auch wenn man die Regierung hätte für befugt erachten wollen, die Enteignung im Verwaltungswege auszusprechen, doch in Bezug auf die Festsetzung der Entschädigung so viel Zweifel entstanden sein, dafs die von dem Präsidenten des obersten Gerichtshofes vorgeschlagene Form der Enteignung durch Gesetz aus praktischen Gründen den Vorzug verdient hätte.

Die Frage des Nordbahnprivilegs hat ihre Lösung dadurch gefunden, dafs auf Grund eines Übereinkommens zwischen Staat und Gesellschaft vom 10. Januar und 17. Juli 1885 die Verhältnisse der Staatsbahn durch ein besonderes Gesetz vom 6. Sept. 1885 und eine in Ausführung desselben erlassene Konzessionsurkunde vom 1. Januar 1886 ihre Regelung erhalten haben. Danach fällt die Bahn am 31. Dez. 1940 dem Staate ohne Entschädigung heim, während letzterer schon vom 1. Januar 1904 an ein Recht der Einlösung gegen Zahlung einer entsprechenden Entschädigung besitzt. Die Bestimmung über die Einlösung findet sich zuerst in § 5 des Übereinkommens mit der Gesellschaft. Hier könnte daher vielleicht mit gröfserem Rechte als bei der hessischen Ludwigsbahn die Behauptung aufgestellt werden, es sei zwischen dem Staate und der Gesellschaft ein pactum de vendendo abgeschlossen worden. Aber eine derartige Auffassung würde meines Erachtens doch auch hier der Sachlage

---

Erlöschung des Privilegiums der K. K. privilegierten Nordbahn Wien 1881 S. 39, Tezner, Erörterungen aus dem öffentlichen Recht in Gellers Centralblatt für Verwaltungspraxis Bd. I, S. 621 ff., 674 ff., 717 ff., 813 ff. — And. Meinung: Randa, Bemerkungen zur Nordbahnfrage in Grünhuts Zeitschrift Bd. XII, S. 695 ff.

[1] Vergl. darüber oben S. 18, N. 1.

nicht entsprechen. Das Übereinkommen mit der Gesellschaft ist abgeschlossen worden, weil der Staat die Angelegenheit im Einvernehmen mit der Gesellschaft zu erledigen wünschte. Die verbindliche Kraft der fraglichen Festsetzungen beruht aber nicht auf dem Vertrage, sondern auf dem Gesetz und der Konzessionsurkunde. Dem entspricht auch der Wortlaut der betreffenden Bestimmung. Der § 5 des Übereinkommens und § 12 der Konzessionsurkunde setzen völlig übereinstimmend fest:

„Der Staatsverwaltung wird das Recht vorbehalten, das gesamte den Gegenstand der neuen (gegenwärtigen) Konzession bildende Unternehmen vom 1. Jänner 1904 angefangen wenn immer für den Staat einzulösen."

Daraus geht unzweideutig hervor, dafs über die Erwerbung der Bahn nicht eine Vereinbarung zwischen Staat und Gesellschaft, sondern der einseitige Wille des Staates entscheiden soll.

7.

Eine anderweite praktische Bedeutung hat die Frage, in wie weit Eingriffe des Staates in private Vermögensrechte zulässig sind, neuerdings bei den Stadterweiterungen gewonnen. Die Befugnis der Städte, behufs Anlegung von öffentlichen Strafsen und Plätzen Privatgrundstücke im Wege der Enteignung zu erwerben, ist allgemein anerkannt. In neuerer Zeit tritt aber auch das Bestreben hervor, durch ein Eingreifen der Staatsgewalt auf die Herstellung angemessener Bauplätze hinzuwirken[1].

---

[1] Über diesen Gegenstand besteht bereits eine ziemlich umfangreiche Litteratur. R. Baumeister, Stadterweiterungen in technischer, baupolizeilicher und wirtschaftlicher Beziehung. Berlin 1876, S. 384 ff., J. Stübben, der Städtebau in dem Handbuch der Architektur. Teil IV. Halbband 9, S. 286 ff., das Enteignungsrecht der Städte bei Stadterweiterungen und Stadtverbesserungen. Leipzig 1894. C. Meyn, Stadterweiterungen in rechtlicher Beziehung. Berlin 1893. Adickes, Art.

Wenn zur Erweiterung der Städte Bebauungspläne aufgestellt werden, so macht sich namentlich in solchen Gegenden, in denen, wie im Westen Deutschlands, ein stark zersplitterter Grundbesitz besteht, der Übelstand fühlbar, daſs die dadurch geschaffenen Bauparzellen für die Bebauung durchaus ungeeignet sind. Wenn die in Aussicht genommene Straſse einem früheren Feldweg folgt, so stoſsen die Grundstücke allerdings rechtwinklig auf die Straſse. Aber sie bestehen groſsenteils aus schmalen Streifen. Liegen sie mit der schmalen Seite an der Straſse, so haben sie zwar die für einen Bauplatz nötige Tiefe, aber es fehlt ihnen die erforderliche Breite. Liegen sie dagegen mit der breiten Seite an der Straſse, so ist zwar die für die Bebauung notwendige Breite vorhanden, aber die Tiefe fehlt. Viel schlimmer wird die Sache, wenn die in Aussicht genommene Straſse durch einen Grundstückskomplex diagonal durchgelegt wird. Dann entstehen spitz- und stumpfwinklige Stücke, welche zur Bebauung völlig ungeeignet sind, und nicht selten kommt es vor, daſs ein einzelner Eigentümer an jeder Seite der Straſse eine kleine Parzelle erhält, welche wegen ihrer gänzlichen Unbrauchbarkeit durchaus nicht zu verwerten ist.

Diesen Übelständen kann nur durch eine Verständigung der Beteiligten über eine rationelle Zusammenlegung oder, wie es vielleicht treffender heiſst, Umlegung der Grundstücke abgeholfen werden. Da aber dafür vielfach das Verständnis, zuweilen auch der gute Wille fehlt, so erscheint es wünschenswert, eine zwangsweise Umlegung kraft eines Mehrheitsbeschlusses der Beteiligten, unter gewissen Voraussetzungen auch kraft eines Gemeindebeschlusses, vorbehaltlich einer Genehmigung durch die Staatsregierung zu ermöglichen. Ein solches Verfahren ist durch neuere Hamburger Gesetze in einem Teil des

---

„Stadterweiterungen" in Conrads Handwörterbuch der Staatswissenschaften. Bd. V. S. 847 ff., Art. „Zusammenlegung städtischer Grundstücke und Zonenenteignung" ebenda Bd. VI, S. 918 ff.

Hamburger Staatsgebietes für zulässig erklärt[1] und durch ein Gesetz des Kantons Zürich für Ortschaften mit städtischen Verhältnissen eingeführt worden[2]. In derselben Richtung bewegt sich ein Gesetzentwurf, welchen der Oberbürgermeister Adickes im preufsischen Herrenhause eingebracht hat[3], ein weiterer Gesetzentwurf, welcher im Auftrage der badischen Städte ausgearbeitet worden ist[4] und der Entwurf einer Bauordnung für die Reichshaupt- und Residenzstadt Wien nach dem Antrage des Baureferenten des Wiener Magistrats[5]. Der Antrag Adickes ist im preufsischen Herrenhause angenommen[6], von der Kommission des Abgeordnetenhauses dagegen abgelehnt und im Plenum desselben nicht weiter behandelt worden[7]. Die preufsische Regierung hat eine bestimmte Stellung zu demselben noch nicht genommen, sich aber durch Kommissare an den Arbeiten der Kommissionen eifrig beteiligt. Auch die badische Regierung verhält sich den Anregungen der badischen Städte gegenüber zunächst noch zurückhaltend. Die haupt-

---

[1] Hamb. Gesetz, betr. den Bebauungsplan für die Vororte auf dem rechten Elbufer, vom 30. Dez. 1892. Ausdehnung auf andere Gebietsteile durch Gesetz vom 9. Februar 1894.
[2] Baugesetz für Ortschaften mit städtischen Verhältnissen vom 23. April 1893, § 21 u. 27.
[3] Zuerst in der Session 1892/93 unter Nr. 5 der Drucksachen und wiederholt in der Session 1894 unter Nr. 6 der Drucksachen. In der neueren Fassung führt er den Titel „Entwurf eines Gesetzes, betr. Stadterweiterungen und Zonenenteignungen".
[4] Er führt den Titel: „Entwurf zu einem Gesetze, betr. die Regelung von Baugrundstücken".
[5] Gedruckt. Wien 1894. Verlag des Wiener Magistrats § 39, Nr. 170—178.
[6] Zuerst auf Grund eines eingehenden Kommissionsberichtes vom 24. März 1893 (Drucksachen Nr. 59) in der Sitzung vom 19. April 1893 (Stenogr. Berichte S. 161 ff.), sodann in einmaliger Schlufsberatung am 18. Jan. 1894 (Sten. Ber. S. 13).
[7] Das Abgeordnetenhaus hat sich mit dem Gegenstande zweimal beschäftigt: in der Sitzung vom 3. Mai 1893 (Stenograph. Ber. S. 2219 ff.), sodann in der Sitzung vom 30. Jan. 1894 (Stenogr. Ber. S. 183 ff.). In beiden Fällen ist die Verweisung des Gesetzentwurfes an eine Kommission beschlossen worden. Die erste Kommission hat einen Bericht nicht mehr erstattet, wohl aber die zweite. (Bericht vom 5. April 1894 Drucksachen Nr. 104.) Dieser Bericht beantragt die Ablehnung des Gesetzentwurfes.

sächlichste Einwendung, welche gegen die Vorschläge erhoben wird, geht dahin, dafs dieselben einen zu starken Eingriff in das Privateigentum, also in bestehende Rechte, enthielten[1]. Dieser Einwand kann aber in keiner Weise als stichhaltig anerkannt werden. Der Eingriff ist durchaus nicht gröfser als bei der Zusammenlegung ländlicher Grundstücke, welche doch nichts unserem Rechtsbewufstsein anstöfsiges enthält. Und ein erhebliches öffentliches Interesse besteht auch bei der Zusammenlegung städtischer Grundstücke. Der jetzige Zustand hat zur Folge, dafs vielfach in unzweckmäfsiger, unschöner, ungesunder Weise gebaut und die Aufrechterhaltung der baupolizeilichen Vorschriften aufserordentlich erschwert wird. Eine rationelle Zusammenlegung der Baugrundstücke würde nicht nur den Zwecken der Verschöne--rung der Städte dienen, sondern auch die Beschaffung besserer und gesünderer Wohnungen ermöglichen. Sie ist daher aus Gründen der Hygiëne und der Socialpolitik dringend zu wünschen. In vielen Fällen aber würde die Mafsregel auch den einzelnen Eigentümern selbst zu gute kommen. Bei dem jetzigen Zustande kann es unter Umständen wohl vorkommen, dafs jemand für seine Parzellen einen verhältnismäfsig grofsen Preis erzielt. Aber vielfach wird auch sein Grundstück, weil zur Bebauung ungeeignet, für ihn schwer zu veräufsern sein. Und da hilft denn schliefslich nur der grofse Spekulant, welcher den ganzen Komplex zusammenkauft und in angemessene Bauplätze einteilt. Die bei Gelegenheit der Verhandlungen über den Adickeschen Antrag im preufsischen Abgeordnetenhause geäufserte Befürchtung, dafs die zwangsweise Umlegung der Baugrundstücke die Spekulation befördern würde, ist durchaus unbegründet. Im Gegenteil; dieselbe wird gerade dazu beitragen, den

---

[1] Dieser Gesichtspunkt ist geltend gemacht in der Sitzung des Abgeordnetenhauses vom 30. Jan. 1894 und dem Kommissionsberichte vom 5. April 1894, sowie in der Schrift von Merlo, der Gesetzentwurf, betr. Stadterweiterungen und Zonenenteignungen. 2. Aufl. Köln 1894.

Speculanten fernzuhalten und dem einzelnen Eigentümer die selbständige Verwertung seines Grundstückes zu ermöglichen. Und das Bedürfnis der zwangsweisen Umlegung, welches im preufsischen Abgeordnetenhause gleichfalls bestritten worden ist, wird von den sachkundigsten, urteilsfähigsten Männern durchaus anerkannt. Hervorragende Baukundige, wie Baumeister und Stübben, der Verband deutscher Architekten und Ingenieure, der Deutsche Verein für öffentliche Gesundheitspflege, der badische Städtetag sind mit aller Entschiedenheit für die Notwendigkeit einer derartigen Mafsregel eingetreten[1]. Auch bei den Erhebungen, welche seitens der preufsischen Regierung aus Veranlassung des Adickesschen Antrages gemacht sind, hat sich nach den im Kommissionsberichte des Abgeordnetenhauses enthaltenen Mitteilungen des Regierungskommissars die weit überwiegende Zahl der staatlichen und noch mehr der städtischen Behörden für den Plan ausgesprochen. Dafs die zustimmenden Erklärungen zunehmen, je weiter man von Osten nach Westen fortschreitet, ist sehr erklärlich, da im Westen eine weitaus gröfsere Zersplitterung des Grundbesitzes als im Osten besteht und gerade bei zersplittertem Grundbesitz das Bedürfnis nach dem Eingreifen des Staates besonders stark hervortritt.

Für die Zwecke der Stadterweiterungen und der Beschaffung angemessener Bauplätze kann aufserdem auch die Enteignung des Baugrundes in Anwendung gebracht werden. Eine solche ist in Deutschland namentlich durch die Gesetzgebung des Grofsherzogtums Hessen ausgebildet worden[2]. Diese gestattet die Enteignung dann, wenn eine gütliche Vereinbarung über die Umlegung der Grundstücke nicht zustande kommt und zwar in einem älteren Gesetz für die Stadt Mainz hinsichtlich des Grundbesitzes der

---

[1] Vergl. die Zusammenstellung bei Meyn a. a. O. S. 4. 5.
[2] Vergl. Meyn a. a. O. S. 14 ff. Ein Abdruck der in Betracht kommenden Gesetze ebenda in den Anlagen S. 84 ff.

widerstrebenden Eigentümer[1], in einem späteren allgemeinen Gesetz hinsichtlich des gesamten Baugeländes[2]. Eine noch weitergehende Ausdehnung hat das Enteignungsrecht beim Städtebau durch das namentlich im französischen, belgischen, italienischen Recht entwickelte Institut der Zonenenteignung erhalten, welches auch in Ungarn für die Hauptstadt Budapest in Anwendung gebracht ist[3]. Man versteht darunter die Enteignung des neben der Strafse liegenden Baugeländes. Die Zonenenteignung ist bisher namentlich bei Strafsendurchbrüchen in Anwendung gebracht worden, hat also nur bebaute Grundstücke umfafst. Dagegen war in dem Antrage Adickes die Zonenenteignung ursprünglich nur für unbebautes Terrain in Aussicht genommen, die Herrenhauskommission hat dieselbe aber auch auf bebautes ausgedehnt. Letzteres wohl mit vollem Recht. Denn gerade für bebaute Grundstücke besteht das Bedürfnis einer solchen Mafsregel, da bei Strafsendurchbrüchen, wenn die Zwecke derselben vollständig verwirklicht werden sollen, die Herstellung der an den neuen Strafsen liegenden Gebäude nach einem einheitlichen Plan wünschenswert ist und dieses Ziel durch die Überführung des gesamten anliegenden Grundbesitzes in die Hände der Gemeinde am sichersten erreicht wird. Viel zweifelhafter erscheint es, ob die Zonenenteignung auch für unbebautes Gelände notwendig ist, ob nicht für dieses die zwangsweise Umlegung der Baugrundstücke ausreicht, namentlich, wenn solche nicht blofs von den Beteiligten beschlossen, sondern auch von der Gemeinde beantragt und mit Zustimmung eines höheren Regierungsorgans durchgeführt werden kann. So haben die badischen Städte, welche ein Bedürfnis für Zonenenteignungen in bebauten

---

[1] Gesetz, die Ausführung des Bauplans für die Erweiterung der Provinzialhauptstadt Mainz betr., vom 23. Juni 1875, Art. 17.
[2] Allgemeine Bauordnung für das Grofsherzogtum Hessen vom 30. April 1881, Art. 69.
[3] Vergl. Meyn a. a. O. S. 42 ff, Abdruck der Gesetze ebenda S. 90 ff.

Stadtteilen nicht empfinden, von dieser gänzlich absehen und sich auf die zwangsweise Umlegung der Bauplätze beschränken zu sollen geglaubt. Sie konnten dies allerdings um so eher thun, als schon das badische Enteignungsgesetz gewisse Bestimmungen über die Enteignung von Bauplätzen enthält[1]. Die Zonenenteignung ist vielfach bekämpft worden, nicht nur in den Verhandlungen des preufsischen Abgeordnetenhauses, sondern auch in der Litteratur[2]. Man macht ihr namentlich zum Vorwurf, dafs sie lediglich dem fiskalischen Interesse der Gemeinden diene. Dies trifft jedoch höchstens für diejenige Gestaltung zu, welche die Zonenenteignung durch das belgische Gesetz vom 15. Nov. 1867 erhalten hat. In allen andern Ländern sind bei der Durchführung derselben Gesichtspunkte der Gesundheitspflege und des öffentlichen Verkehrs mafsgebend gewesen. Auch nach dem Antrage Adickes soll die Zonenenteignung nur dann eintreten, wenn „das öffentliche Interesse es erheischt". Thatsächlich kann die Zonenenteignung allerdings die Folge haben, dafs die Gemeinde durch Veräufserung des enteigneten Geländes einen Gewinn erzielt. Aber es ist nicht einzusehen, weshalb die Wertsteigerung, welche die an einer durch Durchbruch neugeschaffenen Strafse liegenden Grundstücke erfahren, lediglich denjenigen Personen zu gute kommen soll, welche zufällig Besitzer gerade dieser Grundstücke sind. Ist es nicht billig, dafs ein Teil dieser Wertsteigerung für die Gemeinde, also für die Gesamtheit der steuerzahlenden Bürger in Anspruch genommen wird. Die Kosten derartiger Durchbrüche sind so bedeutend, dafs die Gemeinde sich zu denselben vielfach nur dann entschliefsen wird, wenn sie imstande ist, einen Teil ihrer Aufwendungen durch Verkauf des Bauterrains zu decken. So kann der

---

[1] Gesetz über die Zwangsabtretung vom 28. Aug. 1835 § 19.
[2] Namentlich von Grünhut a. a. O. S. 83, N. 1; W. v. Rohland, Zur Theorie und Praxis des deutschen Enteignungsrechts. Leipzig 1875 S. 22. Für die Zonenenteignung Fr. J. Neumann, Die Steuer und das öffentliche Interesse. Leipzig 1887, S. 230 ff.

finanzielle Vorteil, welcher der Gemeinde aus der Zonenenteignung erwächst, doch auch zur Förderung von Unternehmungen beitragen, welche im öffentlichen Interesse dringend zu wünschen sind.

8.

Wie steht es nun endlich mit den Eingriffen des Staates in die **öffentlichen subjektiven Rechte?** Bei diesen kann von einer Unverletzlichkeit noch viel weniger die Rede sein als bei Privatrechten. Sie stehen dem Einzelnen nicht im **privaten**, sondern im **öffentlichen** Interesse zu. Bei der Entziehung derselben handelt es sich also nicht um eine Kollision von öffentlichem und privatem Interesse, sondern es kommen **lediglich Gesichtspunkte des Gemeinwohls** in Betracht. Was im öffentlichen Interesse gegeben ist, kann auch im öffentlichen Interesse wieder genommen werden. Allerdings soll auch bei Aufhebung bestehender öffentlicher Rechte mit Vorsicht und Schonung verfahren werden. Aber von einem Rechtsanspruch auf Aufrechterhaltung derselben kann absolut keine Rede sein. Die öffentlichen subjektiven Rechte beruhen meist auf **Gesetz**, die Aufhebung derselben wird also regelmäfsig durch einen **Akt der Gesetzgebung** erfolgen. Und weil sie auf Gesetz beruhen, so kann ihre Unverletzlichkeit auch von denjenigen nicht behauptet werden, welche in dieser Hinsicht einen Unterschied zwischen gesetzlichen und erworbenen Rechten annehmen.

Die subjektiven öffentlichen Rechte zerfallen in **drei Gruppen**: solche, welche dem Einzelnen eine Freiheit von Einwirkung der staatlichen Organe gewähren; Ansprüche auf eine positive Thätigkeit des Staates, namentlich Gewährung von Schutz und Fürsorge; s. g. politische Rechte, welche dem Einzelnen eine Beteiligung an der Ausübung der Staatsgewalt einräumen. Es kommen endlich bei der Beseitigung öffentlicher Rechte noch die Befreiungen von der Erfüllung staatsbürgerlicher Pflichten, welche einzelnen Personen oder einzelnen Klassen der Bevölkerung zustehen können, in Betracht. Durch die modernen Verfassungen und Gesetze ist den Einzelnen oft eine gewisse Freiheit von Einwirkung der staatlichen Organe, namentlich der Verwaltungs- und Polizeibehörden, eingeräumt. Es ist ihm das Recht der freien Niederlassung, des freien Gewerbebetriebes, Preſsfreiheit und dergl. zugesichert. Bekanntlich besteht Streit darüber, ob und in wie weit hier überhaupt von subjektiven Rechten gesprochen werden kann. Darüber existiert aber keine Meinungsverschiedenheit, daſs Rechte dieser Art nicht unverletzlich sind, daſs sie der Aufhebung im Wege der Gesetzgebung unterliegen. Jeder Staatsangehörige muſs sich diejenigen Beschränkungen der natürlichen Handlungsfreiheit gefallen lassen, welche die Gesetzgebung aus Gründen des Gemeinwohls ihm aufzulegen für nötig erachtet. Ja, der Staat ist sogar zweifellos berechtigt, seinen Unterthanen gewisse wirtschaftliche Thätigkeiten gänzlich zu untersagen und in der Form von Regalen oder Monopolen sich selbst vorzubehalten. Als im Deutschen Reiche seitens der verbündeten Regierungen die Absicht bestand, das Tabaks- und später das Branntweinmonopol einzuführen, da haben diese Bestrebungen vom politischen Standpunkte aus energische Opposition gefunden; die rechtliche Befugnis des Reiches, eine solche Maſsregel einzuführen, ist aber von keiner Seite bestritten worden.

Der Einzelne hat dem Staate gegenüber ferner Anspruch auf eine positive Thätigkeit, auf Schutz gegenüber auswärtigen Staaten, auf Rechtsschutz im Innern, auf diejenige fürsorgende und fördernde Thätigkeit, welche man unter dem Begriff der inneren Verwaltung zusammenfaſst. Wie weit diese Thätigkeiten des Staates sich erstrecken sollen, das festzusetzen ist Sache der staatlichen Gesetzgebung. Der Staatsangehörige hat kein Recht auf Beibehaltung derselben. Im allgemeinen geht allerdings das

Bestreben des modernen Staates mehr auf Erweiterung als auf Beschränkung seines Wirkungskreises, sodafs hier eine Aufhebung vorhandener Rechte praktisch kaum in Frage kommen wird. Unverletzlich sind endlich auch nicht diejenigen Rechte, welche dem Einzelnen eine **Teilnahme an der Ausübung der Staatsgewalt** gewähren. Zu den Zeiten des Feudal- und Patrimonialstaates stand bestimmten Personen in ihrer Eigenschaft als **Eigentümer eines Gutes** die Berechtigung zur Ausübung obrigkeitlicher Befugnisse, namentlich Gerichtsgewalt und Polizeigewalt, zu. Die Gesetzgebung des gegenwärtigen Jahrhunderts hat kein Bedenken getragen, diese s. g. Patrimonialgerichtsbarkeit und Patrimonialpolizei vollständig zu beseitigen. Im modernen Staate werden die zur Ausübung staatlicher Hoheitsrechte befugten Personen zu ihrer Thätigkeit entweder durch **Ernennung** oder durch **Wahl** oder **unmittelbar durch Gesetz** berufen. Aber keine dieser Personen hat einen unentziehbaren Anspruch auf Fortdauer der ihr zustehenden Rechte. Die **Beamten**, mögen sie ihr Amt durch Ernennung oder ausnahmsweise durch Wahl erlangt haben, sind gegen willkürliche Entlassung im administrativen Wege geschützt; aber durch einen Akt der Gesetzgebung, also beispielsweise durch eine Umgestaltung der Behörden, können sie sowohl ihres Amtes als ihrer Beamtenstellung verlustig gehen. Die **Mitglieder der repräsentativen Körperschaften**, sowohl der Parlamente als der kommunalen (Gemeinde-, Kreis-, Bezirks-, Provinzial-)Vertretungen haben gleichfalls kein Recht auf Beibehaltung ihrer Stellung. Und zwar ganz einerlei, ob sie dieselbe durch Wahl oder durch Berufung seitens des Monarchen oder, wie namentlich die erblichen Mitglieder erster Kammern, unmittelbar kraft der Verfassung erlangt haben. Gewählte Vertretungen unterliegen sogar meist der Auflösung seitens der Regierung; im Wege der Gesetzgebung können alle parlamentarischen und sonstigen Vertretungen beseitigt und umgestaltet werden.

Ebenso wenig besitzen die Wähler einen Anspruch auf Beibehaltung der bestehenden Wahlbefugnisse. Eine Einschränkung des Wahlrechtes in der Weise, dafs dasselbe gewissen bisher wahlberechtigten Teilen der Bevölkerung entzogen wird, ist eine politisch in hohem Grade bedenkliche Mafsregel. Und nur sehr zwingende Gesichtspunkte des öffentlichen Wohles können Veranlassung geben, eine solche vorzunehmen. Aber vom rechtlichen Standpunkte ist gegen dieselbe, vorausgesetzt, dafs sie sich in verfassungsmäfsigen Formen vollzieht, keine stichhaltige Einwendung zu erheben.

Selbst das Recht auf die Krone ist nicht unentziehbar. Die neuere Staatsrechtswissenschaft ist fast einstimmig der Ansicht, dafs auch Successionsansprüche auf den Thron durch Änderung der Thronfolgeordnung beseitigt oder modifiziert werden können[1]. Das war natürlich anders zu einer Zeit, wo die Thronfolge als etwas der Succession in Lehns- und Fideikommifsgüter Analoges behandelt und die Ansprüche der Agnaten als Privatrechte angesehen wurden. Eine solche Auffassung entspricht aber den modernen staatsrechtlichen Anschauungen nicht, nach welchen die Thronfolge keine Succession in einen Vermögenskomplex, sondern die Berufung zu einer öffentlichen Thätigkeit ist. Es bedarf keiner Auseinandersetzung, dafs Änderungen in der Thronfolgeordnung nur aus sehr zwingenden Gründen vorgenommen werden dürfen, und die Gesetzgebung wird von der ihr zustehenden Befugnis, in die Successionsrechte der Agnaten des Fürstenhauses einzugreifen, nicht leicht Gebrauch machen. Aber ein Gesetz, welches eine neue Regelung der Thronfolge auch mit Verletzung bestehender Successionsansprüche vornähme, würde rechtlich verbindlich sein. Von diesem Gesichtspunkte aus hatte das Rechtsgutachten des preufsischen Kronsyndikats in der

---

[1] Vergl. mein Lehrbuch des deutschen Staatsrechts § 86 S. 227 N. 3 und die daselbst citierten Schriftsteller.

schleswig-holsteinischen Erbfolgefrage die Rechtsgültigkeit des dänischen Thronfolgegesetzes vom 31. Juli 1853 behauptet[1], während ein grofser Teil der liberalen Parteien in Deutschland auf Grund von lehns- und privatfürstlichen Erwägungen die Successionsberechtigung des Erbprinzen von Augustenburg verteidigte. Mit vollem Recht hat H. v. Sybel bemerkt, dafs das Kronsyndikat hier den modernen, die liberalen Parteien den feudalen Standpunkt vertreten haben[2].

Nur Einer ist im Staate vorhanden, dem seine staatsrechtliche Stellung ohne seine Zustimmung nicht genommen werden kann, der Monarch. Denn ohne seinen Willen kann überhaupt kein Gesetz zustande kommen. Dies gilt wenigstens für alle Staaten, wo dem Monarchen ein s. g. absolutes Veto zusteht. Nur in solchen Ländern, wo der Monarch blofs ein suspensives Veto besitzt und dieses auch für Verfassungsänderungen gilt, würde die Möglichkeit bestehen, ihm auch seine Rechte gegen seinen Willen zu entziehen, den Staat in legaler Weise aus einer Monarchie in eine Republik zu verwandeln, ohne dafs der Monarch es zu hindern vermöchte. Ein solcher Staat besteht aber jetzt überhaupt nicht mehr. Denn die einzige Verfassung, welche zur Zeit noch den Monarchen auf ein suspensives Veto beschränkt, die des Königreiches Norwegen, mufs doch dahin ausgelegt werden, dafs dieses suspensive Veto lediglich bei einfachen Gesetzen eintreten soll, während bei Verfassungsänderungen dem Könige ein absolutes Veto zusteht[3].

Neben den öffentlichen Rechten der Staatsangehörigen kommen die öffentlichen Pflichten in Betracht. Hier kann von individuellen Berechtigungen selbstverständlich nur insoweit die Rede sein, als einzelne Personen von der

---
[1] Rechtsgutachten bezüglich der Herzogtümer Schleswig, Holstein und Lauenburg, erstattet vom Kronsyndikat. Berlin 1866, S. 17.
[2] H. v. Sybel, Die Begründung des Deutschen Reiches durch Wilhelm I. Bd. IV, S. 144.
[3] Aschehoug, Das Staatsrecht der vereinigten Königreiche Schweden und Norwegen in Marquardsens Handbuch des öffentlichen Rechtes S. 204.

Erfüllung dieser Pflichten, der Steuerpflicht, dem Militärdienst, befreit sind. Auf die Aufrechterhaltung derartiger Befreiungen hat niemand einen Anspruch. Der Staat kann nicht darauf verzichten, einseitig darüber zu bestimmen, in welchem Umfange er seine Unterthanen zu Leistungen in seinem Interesse heranziehen will. Mit vollem Recht ist bemerkt worden, dafs die Aufhebung einer Steuerfreiheit rechtlich durchaus auf gleicher Linie steht mit der Einführung einer neuen Steuer[1]. So wenig die Bevölkerung ein Recht hat, dieser zu widersprechen, eben so wenig sind die bisher steuerfreien Personen in der Lage, die Aufhebung ihrer Steuerfreiheiten zu verhindern.

Nun können aber auch die öffentlichen Rechte einen **vermögensrechtlichen Wert** besitzen und es entsteht die Frage, ob und in wie weit bei Aufhebung derartiger öffentlicher Rechte der Berechtigte eine **Entschädigung** zu fordern hat. Ein **formeller Rechtsanspruch** auf eine solche besteht nicht, namentlich wenn die Aufhebung der Rechte durch einen Akt der Gesetzgebung erfolgt, was ja thatsächlich fast immer der Fall sein wird. Aber **materielle Gründe** von erheblichem Gewicht sprechen allerdings für die Gewährung einer Entschädigung. Der Grundsatz, dafs Gehalts- und Pensionsansprüche der Beamten auch durch Änderungen in der Gesetzgebung nicht beeinträchtigt werden, ist in Deutschland streng festgehalten worden, wenn auch die formelle Befugnis des Staates, sich über denselben hinwegzusetzen, nicht bestritten werden kann. Vielfach ist derselbe in unseren Gesetzen auch dadurch zum Ausdruck gelangt, dafs die genannten Ansprüche als privatrechtliche behandelt werden. Die Beschränkung der persönlichen Handlungsfreiheit durch **Einführung staatlicher Regale und Monopole** ist ein schwerer Eingriff in die wirtschaftlichen Verhältnisse. Ein formeller Rechtsanspruch auf Entschädigung steht allerdings den von dieser Mafsregel betroffenen Personen gleichfalls

---

[1] Christiansen a. a. O. S. 78, Jellinek a. a. O. S. 323.

nicht zu; aber die Gewährung einer solchen erscheint auch hier durch materielle Gründe dringend geboten. So waren denn auch in den deutschen Entwürfen eines Tabaks- und eines Branntweinmonopolgesetzes ausgiebige Entschädigungen in Aussicht genommen. Wie verhält es sich nun bei **Aufhebung von Steuerfreiheiten?** Bei der Beseitigung der **Grundsteuerfreiheiten** ist in den meisten Staaten, wenn auch nicht überall, eine Entschädigung gezahlt worden. Wie ich glaube, mit vollem Recht. Denn diese Steuerfreiheit war aus einer persönlichen Befreiung der Ritterschaft allmählich zu einem Realvorrecht der Rittergüter geworden. Sie hatte daher beim Kauf eines Rittergutes in dem Preise desselben ihren Ausdruck gefunden. Diejenigen Personen, welche Rittergüter auf diese Weise erworben hatten, wären in ihrem Vermögen geschädigt worden, wenn man ihnen die Steuerfreiheit ohne weiteres entzogen hätte. Als nun Preufsen im Jahre 1893 seine Grundsteuer als Staatssteuer beseitigte, da trat natürlich die Forderung einer Rückzahlung der Entschädigung auf. Eine solche ist durch das Gesetz ausgesprochen worden. Aber sie konnte selbstverständlich nur von denen verlangt werden, welche noch sowohl im Besitze des Gutes als im Besitze der Entschädigung waren. Sie wurde deshalb ausgeschlossen gegenüber solchen Personen, welche das Gut nach Zahlung der Entschädigung durch lästiges (entgeltliches) Rechtsgeschäft erworben hatten und auch von anderen Besitzern nur zu dem Bruchteile gefordert, zu welchem sie Universalerben des Entschädigten geworden waren[1]. Anders liegt die Frage bei der **Befreiung von Personalsteuern.** Die in dieser Beziehung bestehenden Steuerfreiheiten, namentlich diejenigen der Standesherren, sind vielfach ohne Entschädigung aufgehoben worden. Und wenn Preufsen in neuerer Zeit den Standesherren für die Beseitigung ihrer

---

[1] Preufs. G. wegen Aufhebung direkter Staatssteuern vom 14. Juli 1893, § 18—27.

Befreiung von der Einkommensteuer eine Abfindung im 13¹/₃fachen Betrage gewährt hat[1], so hat es damit einen Akt der Billigkeit ausgeübt, aber keine Rechtspflicht erfüllt. Einen Anspruch auf vollständige Steuerfreiheit haben die Standesherren nach der deutschen Bundesakte niemals besessen, sie sollten nur die privilegierteste Klasse in der Besteuerung sein. Was ihnen in dieser Beziehung gewährt wurde, beruhte auf den Gesetzen der Einzelstaaten. Und was diese gegeben hatten, konnten sie auch wieder entziehen. Alle Klassen der Bevölkerung sind im gegenwärtigen Jahrhundert in immer steigendem Mafse zu den Lasten des Staates herangezogen worden. Da kann die Steuerfreiheit eines privilegierten aber aufserordentlich leistungsfähigen Standes unmöglich eine ewige Schranke für die Gesetzgebung sein. Werden doch in vielen deutschen Staaten selbst die Mitglieder des landesherrlichen Hauses der Besteuerung unterworfen.

Der Grundsatz der Unverletzlichkeit erworbener Rechte hat nur eine relative Berechtigung. Eine rechtliche Schranke für die Staatsgewalt bilden bestehende Rechte nicht. Wären sie eine solche gewesen, so würden die bedeutendsten Fortschritte, welche wir im Laufe dieses Jahrhunderts im Staatsleben gemacht haben, unmöglich gewesen sein. Nur das ist zu verlangen, dafs die Stsatsgewalt, wo sie von ihrer Befugnis, bestehende Rechte aufzuheben, Gebrauch macht, mit Vorsicht und Schonung verfährt. Nimmt der Gesetzgeber selbst eine solche Beseitigung vor, so hat er pflichtmäfsig zu erwägen, ob dieselbe durch dringende Gründe des Gemeinwohls geboten ist. Steht der Verwaltung die Befugnis zu, in bestehende Rechte einzugreifen, so mufs durch Bestimmung der Organe und Regelung des Verfahrens die Garantie geschaffen werden, dafs dies nicht in willkürlicher Weise

---

[1] Preufs. Gesetz, betr. die Aufhebung der Befreiung von ordentlichen Personalsteuern gegen Entschädigung vom 18. Juli 1892.

geschieht. Bei Entziehung solcher Rechte, welche einen Vermögenswert besitzen, ist eine entsprechende Entschädigung zu zahlen. Mehr allgemeine Sätze lassen sich kaum aufstellen. Das Weitere bildet Gegenstand der Erwägung im einzelnen Falle. **Achtung vor dem erworbenen Recht, aber auch Achtung vor den fortschreitenden Bedürfnissen des Staates und der Gesellschaft!**

Printed by Libri Plureos GmbH
in Hamburg, Germany